全世界都是我家

賴啟文、賴玉婷—— 著

因為旅行而相識相戀，
在有了三個孩子之後，
旅行的腳步從未停歇。
這一次，攤開地圖、揹起背包，
全家一起環遊世界去！

一家五口的環遊世界之旅

·小羽

·玉婷

·小多

·啟文

·小聿

大小背包客的溫柔冒險

　　旅行了這麼多年，閱讀完這些篇章，心裡暖暖浮出一句話：原來旅行，可以如此溫柔。

　　近年來大量的旅遊資訊透過社群開花，各式廉價航空青年旅館盛行，「當個背包客」已不再是遙不可及的妄想。一個人、一部手機、一個背包，遠方不再迢迢，風蕭蕭人亦瀟瀟；旅行變成了藉由景物易換而從中尋找自我，與孤獨和時間對話的心靈儀式，人人兀自駕著一只孤帆，往未知的大海破浪而去。

　　但當你回過頭發現，這艘船上，還有你心愛的另一半和孩子們呢？

　　曾各自為旅者的 Sunny 夫婦，相愛時攜手去了印度後結為連理，如今甘冒著巨大的不便，無畏周邊異樣的眼光和酸言酸語，也要帶著三個寶貝回到風沙星辰的大路上，左拽右揹地浪跡天涯。這 365 天有晴有雨，人們在行旅時所遭遇的困頓、疲憊、文化差異他們一樣不缺，而異國風光也回報以萬千驚喜，一家五口用愛和包容將家的屋簷畫得與世界同寬，無論走到哪裡，都有彼此的陪伴，大小腳印交疊穿梭在山川湖海之間，未曾落單。

　　想起自己小時候，想像力範圍從未超過永遠積灰的教室窗戶與四方書桌（隔壁女生表示：侯～你超線我要告老師），自是特別羨慕羽哥、小聿和多多這三個小鬼頭，小小年紀便累積了千萬里的故事人情，在距社會污濁尚遠的澄澈眼底，滿是訴不盡的大路風景與傳說。他們時而調皮、時而

懂事，父母一路在身旁與之成長，柴米油鹽、跌打損傷，各種歡笑與哭鬧在長時間、長距離的移動中，恍若過場迅疾的，一部名為《童年》的公路電影。在走往下一棚「人生」的場景之際，我想，大人世界裡講求的那些意義與規則（為何賣房為何不上學為何不照著軌道走），就輕輕地放下吧。對孩子來說，這樣一年即便如夢，相信在往後他們漫長隧道般的人生裡頭，那些旅途記憶將不時閃著熒光，令他們柔軟，也讓他們堅強。

　　旅行終究是一場溫柔的冒險，一如日常。

　　顧城的詩句說：「走了那麼遠，我們去尋找一盞燈」Sunny 一家人為我們演繹了旅行的另一種可能：走了多麼遠，愛便有多長。出發了，不為什麼遠大抱負，只要跟你們在一起，哪裡就是家。很開心眾所期待的文字即將付梓，期許老朋友玉婷、Sunny 與三個小旅人，無論走多遠，都能永遠如今夕這般，以大地一般的胸懷去愛人，在一行吵鬧溫馨的大小步伐中，風雨同路地舉起燈火，將未來點亮。

旬印 Anemos Cafe 負責人、文字攝影創作者

關於環遊世界這個夢想

前兩天接受一個記者訪問。問到為什麼會願意放下台灣的一切，賣掉房子帶小孩環遊世界？我毫不思索地說：「這是我們一直想做的事情！」要說是夢想嗎？不過這個夢想已經在實踐了，我覺得就不再是夢想了，不如說是生活目標吧！

2015 年，過年時放在公司辦公桌前的激勵標語這樣寫著：
我今年目標就是：一家五口一起背包旅行，還有平安幸福！

為了這個目標，我們不斷努力，就算在房市不好的時機，我們一樣拚鬥，闖出好成績！這時有人說房市不好還有好業績，是真有實力，但是為什麼不把錢存下來，為了小孩將來的教育做準備？如果以後房市不好時，是不是會更辛苦？

我想說：「人生沒有那麼多如果，沒有誰可以指導或是為誰的人生負責。」

決定帶著孩子環遊世界開始，我們開始過著減法人生，這樣的決定帶給我們更正面積極、更想往前衝的想法，而不是越走越倒退的思想。如果我們守著既有的利益或是事業不去突破，或是失去了生活的意義，那麼這個人生也不是我想要的！如同我們結婚不是為了把兩個人緊緊綁住，生小孩也不是就要一輩子在台灣守著他們長大一樣！

人生，應該有各種不同的可能。

　　所以我們一家五口踏上了旅途，遇到了許多對我們很驚訝的朋友，也遇到了一些同路人，大家在各自的生命成長歷程，都各有精采。請大家不要妄自菲薄，也別忘了目標，努力實踐才是我們存在的意義。

　　如果你以為失戀或踏入婚姻會讓你的人生失去許多，請以我們為榜樣！
我們的相遇是因為彼此的失戀，
我們的婚姻卻是讓各自的生命 1+1>2。

　　環遊世界不是夢想，是大家都能做到的事情。

賴明又 Sunny

說再見

寫於我們即將往整個世界奔赴的前夕。

走到三十歲之前，我們說好，停下往前追逐，我們就只要好好的，把握當下。

決定遠行的這一個多月以來，啟文日日上班，我也還是在家照顧著三個孩子，日子如常，那些瑣碎的代辦事項，一筆一筆的完成，但即使努力至今，我們還是一再的修改沿途的目的地，關於出發這件事，心態準備好了，但行李沒有。

我問問娘家的母親：「妳覺得我一下子就要三十歲了，然後要去那麼久的旅行，是什麼感覺呢？」

她表情複雜，然後說著：「我還記得妳小時候……」那些小小的事情，過了幾十年，都還在她的記憶裡清晰。在她講述的過程裡，我得以窺見我孩時的樣貌，然後我能感覺得到，對於我們將要離去，她有著無限的惆悵與祝福。

約了夫家的家族一起吃飯，還記得那天吃了我最喜歡的薑母鴨，我們從相識時便一直在旅途，步入婚姻到生孩子，不只和孩子旅行，我們也曾帶上母親、奶奶一起出發，這一路長輩們都看在眼裡，對我們的決定都是支持的，婆婆跟啟文叮嚀時只說：「如果旅行有什麼爭執，讓讓她。」我們都笑了，以飲料代酒，舉杯共飲。

不能少的，和老朋友碰個面，說再見。

拜科技所賜，即使相隔千里之遙，網路也能相見咫尺，如果受不了思念，買張機票，全世界哪裡都能相聚，我們都知道，說再見是真的會再見的。

接近出發的日子，我們總是會和孩子們預告旅行，有時候是說起我們以前旅行的故事，有時候是讓他們知道，上班工作賺錢，是為了能夠一起完成一件很棒的事情，要帶他們一起去世界玩耍闖蕩。

兩年前帶兩個孩子旅行時，我們從印尼帶回來的木牌子，寫著「生活就像是騎腳踏車，保持平衡，你必須持續前進」。是旅途中少數的紀念品，一直掛在房間裡，陪伴我們多少個幾乎失衡停頓的日子，不是沒有牽掛，但那前方，是能夠實現的夢想，人生就是不斷的選擇，選擇繼續努力工作，買車買房存教育基金，或者賣掉房子去旅行，每一個選擇，我都選過，都有得失，都有不易。

這就是我們的道，只能勇敢。

出發前夕，日子是紛亂的，我們好好的說聲「明年再見」，一次一次在愛之間不斷的流轉，再見兩個字已經無須練習，就能笑著脫口而出，沒有哽咽，不會遲疑。

CHAPTER ①

環遊世界！準備啟程！

CHAPTER ② ｜ 馬來西亞、斯里蘭卡

我們的第二基地

馬來西亞

斯里蘭卡

CHAPTER ③ 印度

這裡，我們很喜歡

CHAPTER ④ 阿曼、埃及、以色列、巴勒斯坦

中東、北非歷險去

阿曼

埃及

CHAPTER ⑤

歐 洲 ， 我 們 來 了 ！

西班牙、法國、波蘭、義大利、
梵蒂岡、斯洛維尼亞、克羅埃西亞、
捷克、德國

CHAPTER 6

一路向北　丹麥、冰島、英國、美國、加拿大

環遊世界！準備啟程！

一旦出發了，再遠，也不過是一段路。

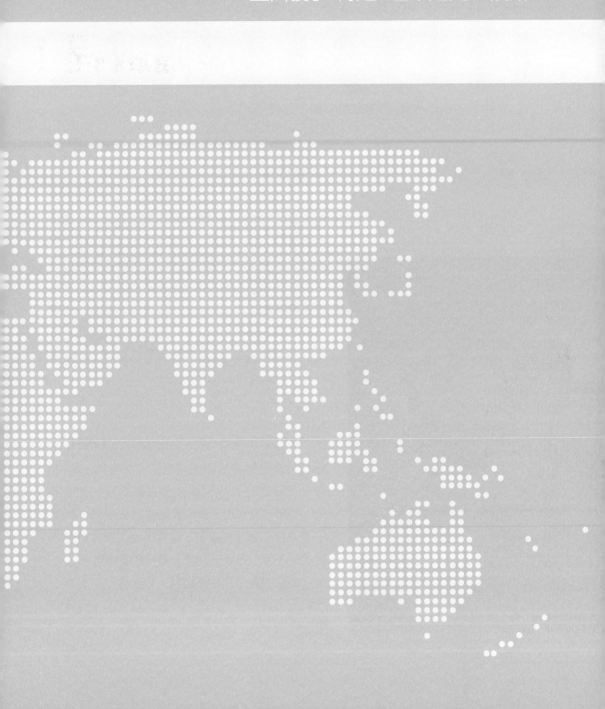

最重要的大小事

最早的時候，我們是想帶著孩子回到泰北——帕黨旅居，那是啟文在學生時期擔任國際志工的地方，但真正做了決定，要放一個很長很長的假之後，打開了地圖，發現好像哪裡都能去啊！於是，就決定要去環遊世界了，當然事先準備的大小事，也有不同了。

各國錢幣

　　我們前幾個前往的亞洲國家，有些國家的貨幣是不流通的，在台灣也換不到，帶著美金到當地換匯較划算，所以我們身上只換了第一站馬來西亞 1,300 元令吉左右（約 10,000 元台幣）、3,300 元美金左右（約 10 萬元台幣），而一定會去歐洲跟英國，為避免一下飛機沒有錢，一般來說機場的匯率相對較差，因此也先換了歐元跟英鎊約台幣各 10,000 元，最後出發時，身上還準備了台幣現金約 10,000 元。

信用卡

　　隨身一定要有 VISA 和 MasterCard 卡各一張，另外也多準備兩張備用卡和預備金一起收好，JCB 卡在這段旅程幾乎毫無用處，可以不帶。另外，有些國家刷卡需要輸入 PIN 碼，如果不曉得自己是否有設定，或者不確定卡片有無這個功能，可以打電話到發卡銀行客服諮詢。

　　旅程中有幾次租車經驗，大多會要求租車人駕駛人需要和持卡人為同一人，這個部分需要特別注意。

ATM、提款卡

出發前，先去銀行把許多費用改成自動扣繳，也順便把往來銀行的提款卡開通「跨國提款」以及「金融信用卡」功能，這樣才能在國外提款，萬一遇上信用卡無法使用的情況，提款卡還能作為備用信用卡使用。另外一提，不一定每一台提款機都能領到錢，有時候甚至領到的金額很小，所以不同銀行的提款卡記得多準備兩張。

各個銀行的跨國提領手續費不同，有些國家提款銀行本身還會再收一筆費用，建議行前先諮詢自己往來的銀行，了解相關費用。

護照效期確認、各項英文證明、大頭照

假設我們旅行最長可能為期一年，大多國家簽證要求護照效期半年以上，因此首先確定好護照效期超過一年半。

由於我們沒有辦法提前確定好每一個要去的國家，但旅行那麼長，身上還是必須準備各種過境可能用到的資料。比方說，要去戶政事務所申請英文版的戶籍謄本，去保險公司申請英文保單，去銀行申請英文存款證明，多準備幾張新拍的大頭照，護照影印本，一起放在防水的資料夾裡，收在背包的內側夾層。雖然此行我們一次也沒用到，但這些都很重要，還是必須要攜帶。

機票、簽證

旅行的地點、機票和簽證，這三者是密不可分的，我們並不是開環球票，第一除了票價昂貴，第二是必須要先規畫好自己想走的路線，想停留的天數等等，因為帶著孩子，而且有大把的時間，所以想保有更多的彈性。

我們最粗略的規畫，就是從亞洲出發，繞地球一圈，有幾個大地點或較想去的先標註起來，比如：印度、埃及、冰島、加拿大。接著去外交部網站查詢，以該國免簽證、落地簽作為安排旅程的優先考量。但印度需要簽證，所以這是唯一行前先辦好的簽證，也因此從台灣以西開始飛行，接著在地圖上開始看鄰近國家，試著搜尋不同的機票路線組合，搭配廉價航空，或者以陸路相接的移動，從零開始，找出一條屬於我們獨一無二的路線。

雖然我們時常關注各大機票比價網站，或者是該地區的大型廉價航空，腦海中會有一個大約的路線，但並沒有先準備好每一段的機票或是住宿，常常是隨興而至的，即使如此，還是能找到相對便宜的機票，這是因為我們有充裕的時間，比如現在預計前往某一個地點，我們會搜尋前後十天的票價，這時候可以發現通常會有一、二天是特別便宜的，由於沒有表定計畫，所以就能夠訂便宜的那個航班，再來調整行程。

保持彈性，選擇真的想去的地方，而不是大家都去的地方，環遊世界也能很簡單。

整理行李，其實很簡單

開始整理行李，才發現維持生活所需要的並不多。

錢包、票卡、面紙、濕紙巾

相機配備、護照包、醫藥包、尿布、
孩子替換衣物 1 套、水

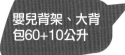
每人短袖 ×5 套、發熱衣各 ×1 件、浴巾 ×1 條、小孩長袖 ×3 套、大人長袖 ×1 套、薄長袖外套各 ×1 件、尿布、泳圈各 ×1 個、輕便睡袋 ×2、快煮壺、快煮鍋、吹風機、腳架、雜物（充電線、轉接頭、餐具、調味料、盥洗用品等等）

玩具、畫紙筆、零食

推車

出發時天氣正熱，但即使在亞洲國家，若是去高山仍然會覺得涼，去沙漠則日夜溫差大，保暖衣物仍然要有，一路往歐洲玩，溫度開始下降，我們便一路整裝換季，添購保暖外套及鞋襪，因為天氣冷平時都穿在身上，並沒有增加太多的行李負擔，破損的衣服淘汰，尚可以穿的短袖衣物洗好整理之後送給當地人。

確保一家人和行李可以安放在一台嘟嘟車、計程車、轎車，因為我們不可能分搭兩台車，加上如果搭乘大眾交通工具，要盡可能的保持輕便，可以的話買了東西就一定要丟掉些什麼，旅途中，只帶真正需要的東西，平時我們並不買紀念品，真的要買也只挑輕巧的，或者實用的。

帶著孩子旅行，
一定要知道的醫療資訊

正確的醫療觀念

常見的感冒、腸胃炎等等，即使去看醫生也是給予症狀治療，發燒退燒、咳嗽止咳、拉肚子止瀉等等，但這些不舒服的症狀其實都是有意義的，發燒本身不是疾病，而是身體的免疫系統在作用，有痰咳嗽是因為肺裡有細菌病毒，經由咳嗽帶動肺纖毛運動，讓痰、細菌、病毒離開支氣管，而我們正常人的腸胃道本來就存在著各式各樣的菌種，拉肚子是為了排泄出壞菌，而一味止瀉，讓壞菌堆積，則可能引起更嚴重的發炎。

大多時候，真正讓我們康復起來的，還是需要依靠自己身體的抵抗力和自癒力，身體不舒服的時候，最重要的就是維持舒適，多喝水、多休息，適當的使用藥物，讓身體能夠恢復精神，進而慢慢的代謝掉細菌病毒。

瀏覽衛福部疾管署網站瞭解全球疫情＋旅遊門診

進入衛福部疾管署網頁，可以在「國際旅遊與健康」頁面找到旅遊疫情資訊，再配合旅遊醫學門診施打相關疫苗或備藥，大多的疫苗施打後一段時間才會在身體形成有效的防護，有些疫苗需要多次接種，需要提早準備。

了解各國是否有疫情，才能決定要不要更改行程或者做好防護準備，例如：我們預計前往印度，而印度是麻疹疫區，老三小多未滿一歲尚未完成 MMR 疫苗接種，我們在出發前兩週到聯合醫院的小兒旅遊門診自費接種。

防蚊不可輕忽

不論去哪個國家，都需注意防蚊措施，蚊蟲叮咬可能造成登革熱、日本腦炎、瘧疾、茲卡病毒傳染症等等疾病，所以我們住宿會選擇有空調、紗窗或者蚊帳的旅館，必要時使用蚊香，外出使用防蚊液、防蚊貼片，並依包裝說明按時補擦，遇水或流汗隨時補充。

醫療保險

國外就醫後，一定要向醫院索取醫療費用收據正本、費用明細及診斷書，並檢附護照影本及當次出入境紀錄，於就醫後六個月內，向投保單位所在地的健保局分局申請核退醫療費用。由於國外就醫費用多半十分高昂，建議視需求投保旅行醫療、意外保險。

當地就醫資訊

長途帶幼兒旅行，若前往國家的醫療較為不便，建議事先查詢當地就醫資訊，或者預備鄰近大城市或國家的後送就醫計畫，也做好隨時停止旅程回台灣的準備。

急難救助

在國外遭逢急難事故，先聯絡當地駐外館處急難救助專線。如有旅行保險，隨身攜帶醫療保險卡。

我們一家的醫藥包
所有藥品都使用夾鏈袋分裝，避免藥品包裝損毀或受損。

藥品中英文標籤

若是藥物吃完，可以依據藥物英文名稱到藥局購買。

若是服藥後症狀沒有改善，需要到當地就醫，有英文藥名可以告訴醫師已經服用過的藥物，幫助醫師了解病程及服藥狀態。

嬰幼兒諮詢醫師後標示劑量：

嬰幼兒服藥劑量是依據年紀、體重等考量，一定要事先諮詢醫師後才使用。

備藥：

解熱鎮痛劑：常見藥如普拿疼，發燒、各種疼痛適用。

抗組織胺劑：流鼻水、皮膚搔癢、過敏症狀，注意思睡副作用，服藥後應適當休息。

健胃整腸劑：益生菌或者酵素，對於出國壓力性便祕、水土不服的腹瀉都適用。

鎮靜劑：暈車、暈船、暈浪藥物都含有鎮靜成分，也可用於調整時差。

抗生素眼藥膏：水源不乾淨或者戲水後眼睛紅、搔癢症狀適用，若有小傷口薄擦一層避免傷口感染。

其他：類固醇藥膏、燙傷藥膏、防蚊用品、任何涼涼的外用藥物、防水敷料、酒精棉片、維他命C、剪刀、指甲剪、掏耳棒。

超實用檢查清單

藥品

- ☐ 外用
- ☐ 內服

錢

- ☐ 馬幣
- ☐ 美金
- ☐ 歐元
- ☐ 英鎊
- ☐ 台幣

衣物

大人

- ☐ 短袖5套／人
- ☐ 長袖1套／人
- ☐ 薄外套1件／人
- ☐ 發熱衣1件／人

小孩

- ☐ 長袖3套／人
- ☐ 短袖5套／人
- ☐ 薄外套1件／人
- ☐ 發熱衣1件／人

3C用品

- ☐ 電腦
- ☐ 電腦配件
- ☐ 手機
- ☐ 手機充電線
- ☐ 相機
- ☐ 相機配件
- ☐ 轉接頭

220V電器

- ☐ 快煮壺
- ☐ 快煮鍋
- ☐ 吹風機

重要文件

- [ ] 護照
- [ ] 機票
- [ ] 英文戶籍謄本
- [ ] 英文保單
- [ ] 英文存款證明
- [ ] 國際駕照
- [ ] 證件照
- [ ] 提款卡
- [ ] 信用卡

其他

- [ ] 小孩背包
- [ ] 紙筆
- [ ] 玩具
- [ ] 泳圈

生活必需品

- [ ] 尿布
  （不需要尿布的孩子可免）
- [ ] 浴巾
- [ ] 盥洗用品
- [ ] 掏耳棒
- [ ] 指甲剪
- [ ] 針線包
- [ ] 雨傘
- [ ] 餐具
- [ ] 小包裝調味料
- [ ] 保溫水壺2個
- [ ] 輕便睡袋2個

我們一家的環遊世界地圖

飛回台灣

瑞典

冰島

丹麥

加拿大

英國

法國

美國

西班牙

義大利

德國

波蘭

捷克

奧地利

斯洛維尼亞

克羅埃西亞

義大利

梵諦岡

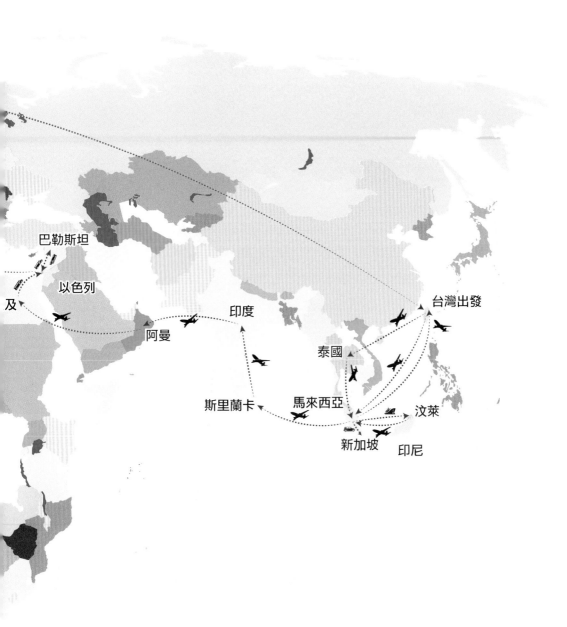

巴勒斯坦

以色列

及

阿曼

印度

泰國

馬來西亞

斯里蘭卡

汶萊

新加坡

印尼

台灣出發

我們的第二基地

環遊世界聽起來那麼不真實，
而我們已經走在路上了。

馬來西亞、斯里蘭卡

DAY
01

DAY
02

馬來西亞／吉隆坡

旅途基地，我們的第二個家

環遊世界的第一站來到馬來西亞，除了轉到第二站的斯里蘭卡機票比較便宜，主要也是探望朋友，在這裡，我們沒有一定要去什麼地方，行程很隨興。

慢下腳步，好好度過每一天，就算只有吃吃喝喝也可以。因為帶著孩子，動物園、天文館、博物館這些地方我們都去，孩子們喜歡海邊，也留了時間要去停泊島。

這幾年，我們來過幾次吉隆坡，每次來除了看看老朋友，也認識新朋友，有一個朋友在某次分享會後曾經寫下一段話，我們很喜歡，那段話是：「即便是生命中的過客，也會為你留下某些信息和啟發。陌生、交集，然後再各自前進。」

2012

2016

　　不得不提的是，我們特別和書丞及明欣相約碰面。和他們的緣分起源於五年前，他們是當時接待我們的沙發主，初識的時候帶我們和小羽哥一起到過馬來西亞的印度教聖地，位於吉隆坡的黑風洞。四年後的今天，臨時起意來到了一樣的地方，一起帶著孩子爬上黑風洞的寺廟群，登上 272 級階梯，依然氣喘吁吁，石灰岩洞穴裡還是眾多猴子環伺在側。光線從頭頂的光洞灑落，抬頭還能看到一些鐘乳石柱，有點陰暗潮濕的感覺，兩旁仍然有些小攤販，洞裡的印度寺小巧精緻……很多東西還覺得熟悉。

多年後的千里相會

　　參觀後我們在相同的地點，巨大的金色濕婆神像前拍下相片，不同的是，我們已老了些許，小羽也有了兩個可愛的弟弟。時間是奇妙的單行道，只有一路前行，年紀漸長，越覺繁華落盡，能夠不變的，歷久彌新的感情，最是可貴。

　　每次來到馬來西亞，都像是回到第二個家，親切熟悉而且溫暖，這裡不只有我們像是親人的朋友，還有很多很多愛我們的大馬朋友，永遠都會說聲：「歡迎來到馬來西亞」。

DAY 03

馬來西亞／停泊島

DAY 06

島嶼風光與
戰勝游泳恐懼的小羽

　　來了馬來西亞好幾次，這次終於來到了東海岸，
從彭亨（Pahang）的港口搭船，約莫半個小時航
程就會抵達停泊島（Pulau Perhentian），留在
這裡的日子充滿寧靜與優閒。

　　早晨，我坐在房前陽台的躺椅對著海發
呆，小羽緩緩打開了房門，睡眼惺忪的望著
我：「爸爸太亮了啦！」原來是被外面的
陽光所照耀，眼睛睜不開了。

　　小羽說著想去找我們的朋友——明欣阿姨，我們住宿的度假村，位於停泊島的大島，出入都要透過碼頭的船，活動區域也不算太大，在此活動沒有什麼危險，也就放心的讓孩子自由地在附近走動。

小羽的海邊沉思

　　小羽離開後過了約五分鐘，我想出去問問他要不要吃早餐，走到餐廳旁的露天區，看到小羽一個人坐在靠海的椅子上，呆呆地看著大海，一旁放著他的拖鞋。

　　我問小羽：「怎麼一個人在這？」

　　他說：「明欣阿姨在後面那邊睡吊床，我想在這邊看海，鞋子濕濕的在曬太陽。」

　　看著這個孩子的背影，能感覺到他懂得享受當下，享受一個有太陽又有海風的早晨。和他聊了天，想回去拿相機來拍，回來時卻已經錯失了這樣美好的

畫面，但並不可惜，旅行的每一天，我們都能看著他們成長，真的是很棒的一件事。

這段小插曲讓人想起了二年前在峇里島時，我們從船頭要上岸，友人的鞋子被海浪沖走，因此讓小羽有一段時間不太靠近海，但是在停泊島時，小羽竟然想學游泳、想潛水，還一直吵著要買潛水套裝。

我們也是抱持著試試看的心態，去租了小孩的潛水蛙鏡，帶著小羽下水，他真的很認真在克服對海水的恐懼，只是試了幾次還是無法順利用嘴巴換氣呼吸，最後吵著要用救生衣，我們最後索性順便把睡午覺中的二個小兄弟帶來，一起戴上游泳圈，一家人玩得不亦樂乎。

小羽還說要游到外海，彷彿有了游泳圈就可以環遊世界一樣。小孩子的心就是那樣的純真，那樣的充滿希望，不被世俗既定印象所牽絆，無邊無際的想像，是孩子最珍貴的資產。

停泊島的沿岸海水清澈見底，雖然深度約成人胸口，但有朋友可以互相照

應，所以決定一起去划船，我們全家分兩艘，小羽跟暱稱大老闆的朋友一組，我們帶著小多和小聿一艘船，一開始還有點擔心，畢竟小多的救生衣穿下去整個人被包起來不太舒服，有點哭鬧，小聿也緊張。相較起這兩個弟弟，小羽就一派輕鬆，不斷狂妄的宣戰挑釁，要我們跟他比賽。

午後，我看著三兄弟坐在沙灘上面，不斷的挖著沙，童言童語，讓我們夫妻倆好感動。

沒想到小島上的天氣瞬息萬變，晚餐時刻，餐點都還沒上桌，傾刻間大雨滂沱，雷電交加，幾個大雷落在附近，孩子受到驚嚇抱著我們，接著突然停電了，晚餐時間餐廳裡的人群因為停電有點騷動，我們坐的位置會被大雨潑濕，便摸黑帶著孩子往遮蔽較好的櫃台移動。

在漆黑一片裡，服務員點亮了蠟燭，一家人抱在一起，開始聊天説話，説著説著忘記説到什麼大家都笑了，直到風雨漸歇，電來了、燈亮了，所有的人一起歡笑鼓掌，我們再次入座，更珍惜慢來的晚餐。熱騰騰的飯菜、烤魚、薯條，我們全家在一起，好像就有源源不絕的力量，什麼都不怕。

旅行小日記 by 啟文

前往停泊島的船程，非常顛簸，航行途中玉婷為了要更換小多的餵奶姿勢，要小聿先用手抓住欄杆。小聿也很聽話照做，他伸出小小的手抓住欄杆那一剎那，我永難忘記，這也許是他人生中第一次感受到把生命掌控在自己手中的滋味吧！

我想到了那些從敘利亞逃往歐洲的難民，帶著小孩子搭上未知的船隻逃難，會遇到什麼事情不知道，遠方在哪也不知道，那種恐懼真的難以形容。

下船時，我淡淡的跟小羽說了一句：「好好珍惜我們所擁有的一切吧！」

停泊島交通資訊

搭船處：瓜拉勿述（Kuala Besut）的碼頭
船票費用：70馬幣／人
船程：約30分鐘

我們住這裡

The barat perhentian

地址：Seberang Genting, Lot 136, Kuala Besut, Terengganu, Pulau Perhentian Besar, 22300, Terengganu, Malaysia

DAY
07

馬來西亞／登嘉樓→吉隆坡

中秋節，我們在馬來西亞

今天是中秋節，適逢馬來西亞的哈芝節。中午離開停泊島後，便搭中午十二點的船班回登嘉樓。回到登嘉樓碼頭，下船後小聿自己走了許多的路，令人感動，我們給了他五個讚！在車上小羽很乖，還幫忙照顧小多，做得很好很有大哥風範！旅行讓孩子們成長不少。

我們順路去了書丞朋友馬來人家作客，位於登嘉樓的傳統木造高腳屋，他們真的很好客，準備了傳統美食沙答（Sata）、炒麵以及果汁，加上我喜歡的波羅蜜，感受難得的異國過節氣氛。

回教家庭的暖心款待

他們家屋子裡地板是木頭的，信奉回教，牆壁上掛了一些圖畫，其中最吸引我的是麥加的那幅。這是我們第一次那麼接近回教家庭，大家席地而坐聊天，這對於生長在台灣的我們來說是很難得的！雖然聽不懂馬來話，有許多時候需要靠朋友翻譯，但能夠感受到滿滿的善意與關懷，真希望有天我們也能接待外國家庭。

對了，對方奶奶很可愛，臨走前還親自爬上樹為我們摘紅毛丹，看了真讓人捏把冷汗，這也是我第一次看到紅毛丹樹，毛毛水果帶給孩子們很多驚奇，原來樹這麼大顆啊！

今天從登嘉樓開車回吉隆坡，真的好累！下午一點離開作客的人家，回到武吉丁宜吃晚餐時已經超過十點了，大家都很愛睏！真的超硬的行程啊！不得不感謝今日開了那麼久車的書丞！

旅行小日記 by 啟文

我們的行程中，都會有移動日，多半是整天都在開車、搭車、搭機、坐火車等等，都在交通工具上面，這樣的一天只要移動就好，不做任何他想，移動日的隔天會是休息日，睡飽飽的熟悉附近環境，採買食物等等，也算是旅程中的一個小小調劑。如果你也計畫帶著孩子旅行，這樣的移動日搭配休息日安排，也許可以參考一下喔！

斯里蘭卡／康提

旅行中的日常
山城裡的幸福況味

我們的山居小屋

　　今天是在康提（Kandy）的第三天，玉婷還是一早起床，把小孩抱給我後就去張羅早餐。她每天努力研發菜單，用簡單的食材盡量做出變化，至今我們嘗過了：法國吐司、熱狗、洋蔥炒蛋、煎馬鈴薯片等等。旅途中自己煮的每一餐，都是獨一無二的旅途記憶。我也慢慢開始懂得為什麼很多旅人對於食譜特別有研究，因為做菜也是旅行的一環。

　　至於今天的行程呢？就是一家人吃完早餐，把髒衣服送去洗衣機洗，等曬完衣服後，叫嘟嘟車來接我們下山到市區走走。

　　我們先回二樓房間懶懶散散，玉婷準備了熱咖啡，讓我在陽台坐著發呆，孩子們則在床鋪爬上爬下。我們夫妻很有默契，偶爾會自己一打三，給對方一

點喘息的空間，這樣互相，是能夠持續旅行的一個潤滑劑。

　　山居歲月對我們來說並不陌生，過去在泰國帕黨（Pha Tang）、拜城（Amphoe Pai）、越南大勒（Da Lat）、寮國龍坡邦（Luang Prabang）都有這樣子的經驗，每個地區的特色都不同。

　　帕黨，在千里之外，1,500 公尺高山上的遺世山村，我覺得最誘人的是歷史文化，以及在泰國異域的獨特中華教育氣息。拜城，無疑是小清新結合商業活動最好的一個地方，762 個彎道阻絕了旅行團，來到此地的都是以自由行旅人為主，加上涼爽的天氣，有特色的民宿，算是背包天堂之一。

　　越南大勒，濃厚的法式殖民色彩，依山而建的彩色小屋，廉價的住宿以及

奇特的在地美食，一樣是山城特有的涼爽天氣，也在我心中留下美好回憶。龍坡邦，為世界文化遺產村落，慵懶及純樸的外表下，富含著佛教的包容與慈悲，讓這個村子充滿靈性，加上山城與河谷蜿蜒圍繞，小吃以及便宜的住宿，也是我最愛的城市之一。

而斯里蘭卡的康提，我覺得這個城市的特色在於對比強烈的景致。市區非常擁擠雜亂，充滿老舊巴士的柴油味，有點烏煙瘴氣的。但是來到離市中心約三十分鐘車程的阿巴蒂納鎮（Abatinna town），這裡群山圍繞，蟲鳥爭鳴，眼中95%以上都是綠景，舒適涼爽的天氣，偶爾飄來炊煙淡淡氣息，無時無刻充滿旅行的味道。

家人在的地方就是家

我們是賣了一間房子出來旅行的，家庭不僅僅在於自己原鄉城市的一個不

小羽視角

動產，我認為旅行中每個溫暖的居所，一家人幸福的共鳴，那就是家。

　　踏上旅途至今，孩子的成長可以說是跳躍式的前進，此外，哥哥們對於攝影有自己的想法，會自己拿起相機構圖及按快門。對於一家人的認同感更為加強，哥哥會照顧弟弟，媽媽在做菜的時候，像個小跟班似的在旁待命，等候媽媽下達指令打蛋或是攪拌等等的工作，這些東西都是踏上旅途後自然而然的生活，並非刻意營造，這就是親子旅行的魅力所在。

　　雖然旅途偶爾勞累，但是此刻我看著眼前無盡的山谷綠景，涼風伴隨著樹葉的颯颯襲來，以及孩子圍繞的童年氣息，我感到很欣慰，幸好我們選擇了這條路，陪伴孩子絕對是我們一輩子最重要的課題之一。

　　然而在以上所有的美好的前提之前，不可或缺的元素是「父母相愛」。

小聿視角

斯里蘭卡╱波隆納魯沃

變調民宿
飽受黑螞蟻大軍攻擊的小聿

　　我們在斯里蘭卡會來到波隆納魯沃（Polonnaruwa）是一個意外，因為在 airbnb 看到這間民宿很新穎，還有田園景觀，加上價格很便宜，換算成台幣一晚才三百多元，所以就下訂了。沒注意到此地離我們本來預計要去的地方丹布拉（Dambulla）有點距離，大約還要一個小時的車程。不過，既來之則安之囉！前往途中，還在公車站附近的小店，遇到了此行第一個台灣人，一位獨自背包旅行的年輕女醫生，彼此聊了一下才知道原來波隆納魯沃是個古鎮，也有不少景點可以參觀。

　　約莫晚間六、七點抵達民宿，老闆還幫我們升等成三張床的房型，雖然因為季節的關係並沒有田園綠景，只有空曠的乾草景觀，加上訂房時沒注意到沒有冷氣，晚上房間有點熱。小聿看我獨自在房外的陽台廊道寫文章，也出來陪我，跟一旁的小狗玩，看牛看得很興奮，還大叫哥哥出來看。

勇敢的小聿

　　正當我寫文章入神時，小聿突然重心不穩從椅子上摔落，摔到面前的草坪上，看著他自己爬起來後，接下來這一幕把我們全嚇呆了……他全身從頭到腳都是黑螞蟻，成千上萬隻。

　　小聿受到驚嚇，呆滯後便開始失控大哭，我們努力撥開那些密密麻麻的黑螞蟻，自己的身體也漸漸被螞蟻爬上，這些黑螞蟻是會咬人的那種，會有刺刺的痛，看著小聿頭髮裡面一堆，更別說身體了，大量的清水肥皂水也很難立刻沖掉，我們一邊安撫他，一邊冷靜地一一把頭髮裡面的螞蟻抓出來。

　　小聿他很勇敢，真的很勇敢，一下子就不哭了，努力忍住痛，我們用肥皂水刷洗了幾次，讓肥皂的鹼性能夠對抗蟻酸，過程中小聿光著身體發抖，看著那些掉在地上的螞蟻屍體，實在很自責沒有看好他。大約花了半個小時，確認

身上沒有任何一隻螞蟻，接著幫他擦上類固醇藥膏，給他喝了點止痛跟抗組織胺藥水。

找來了民宿主人，他一開始還說絕對沒有螞蟻，為了證明還踩進去那個螞蟻窩，沒想到過幾秒，他就跳來跳去要拍掉身上的螞蟻了，接著還說一定是我們吃餅乾、喝牛奶才引來螞蟻之類的，我們也無心跟他爭論，只要求明天要退房。同時也趕緊預訂另一間民宿，Thenuja。晚間十點多才問，沒想到馬上就得到回覆，還說會派人來接我們。

隔天一早，小聿被螞蟻叮咬的地方紅疹已經退去沒有痕跡，精神很好，看起來沒有大礙。本來我們就已經預約了嘟嘟車司機遊古城，加上司機說他知道Thenuja 的位置，於是我們就跟新的民宿老闆說，我們會搭嘟嘟車過去。但挫折總是接至而來，司機其實根本不知道位置，載我們到處亂繞，最後花了一個多小時，民宿沒找到，古城也沒心情去。

古城裡的溫暖人情

好不容易聯絡到了老闆，終於到了民宿，才發現我們是開幕的第一組客人，環境很清幽乾淨，兩張雙人床、有冷氣，一晚折合台幣約六百多元，如果需要用餐，管家還能提供當地食物，分量十足價錢也很合理，本來覺得網路有點慢，沒想到一反應當晚就馬上處理好。

老闆還有個二歲孩子，這間民宿就是以孩子的名字為名，傍晚下班他們一家人還帶我們一家去遊河，參加廟會慶典，就像是兩個家庭的親子小旅行，能夠跟當地人做這樣的交流，真的很開心。

人生很多時候，會遇到困難，而且往往屋漏偏逢連夜雨，但只要撐過去，就會有轉機，因為螞蟻讓我們對於住宿的環境更加小心，也因為嘟嘟車司機不知道路，亂跑浪費許多時間。但最後我們找到了很棒的住宿，也體驗了當地人的活動，好好的感受到這個古城的風光，在這裡留下了許多美好的回憶。

斯里蘭卡／米內瑞亞國家公園

大象本該自由

一直到現在，我們的心情還是很激動！

我們是熱愛大象的一家人，在東南亞旅行時看到有人在騎大象，我們都會告訴孩子們，不要去騎大象，大象很辛苦，被綁住很可憐，縱然如此，我們也知道每個國家文化國情不同，也不去多做批評。

前幾天玉婷看著手機的文章看到哭了，她說一隻大象小時候在非洲被抓走，強迫去馬戲團訓練表演，有一天牠受不了逃脫了，被八十幾顆子彈打死，這是多麼的令人難過啊？

因此，和孩子一起親眼看見「自由的大象」，而不是被養在動物園或馬戲團那種被壓迫的大象，尤其是去非洲大草原看動物大遷徙，是她的夢想。

這次來斯里蘭卡本來預計要去參觀大象孤兒院，但聽說那邊也漸漸商業化了，也就做罷。剛好來到這個城市有 Safari 的行程可以到米內瑞亞國家公園

Minneriya National Park

電話：+94-77-494-0760

地址：Maradankadawala-Habarana-Thirukkond
aiadimadu Highway, Rambawilla 50150,Sri Lanka

（Minneriya National Park）看野生動物，而且問到的價錢並不貴，要去非洲還很遠，來斯里蘭卡先圓個草原 Safari 夢也不錯啦，所以就衝了！

今天是個好天氣，午後搭著吉普車出發，去了國家公園，裡面有好多野生動物，孔雀、老鷹、猴子、牛、鱷魚、大象等看不完的動物，而且全部都是在野外，沒有任何拘束，他們看起來非常的開心自在。據司機說這附近的聚落共有兩千多頭大象，他們會逐水草而居，哪裡有湖水跟綠草就往哪裡去，今天我們看到了上百頭的大象，那種感覺，真的只有感動二字可以形容。

孩子們覺得特別興奮，尤其有一幕是有隻大象就緊緊靠著我們，我們也即時翻譯司機所做的解說，分享給孩子們。這樣子的教育，比在書本裡看到的大象，感覺真實多了。

我們跟動物都一樣，渴望自由， 而現在的我們正享受著這可貴的自由。

斯里蘭卡／哈普特萊

立頓茶園裡的絕美日出

　　昨天我們告別了獅子岩（Lion Rock）的超自然樹屋，搭乘火車來到這個山城，雖然搭了五個小時的車程，但小孩子搭火車很興奮，在斯里蘭卡的小孩只要進山洞就會對著山壁大叫，小羽跟小聿一開始還不太敢，到後來根本是嘶吼！這也算是入境隨俗嗎？而路上景致絕對是我搭過火車裡面最美的一段了，

關於哈普特萊（Haputale）小鎮

比起斯里蘭卡的知名產茶區努沃勒埃利耶（Nuwara Eliya），哈普特萊海拔更高，更遺世獨立，更少觀光客。要前來哈普特萊小鎮，建議搭火車，到站後可步行上山或是搭乘嘟嘟車上山，你絕對不會後悔來這一趟的。

有茶園、山谷、瀑布、針葉林單一林相，超級美，搭配涼涼的風，好舒服啊！

今天，我們決定去看日出！用最棒的溫度以及心情來感受聞名世界的立頓茶園的靈氣，然而，要帶三個孩子在五點前起床出發，又是不到 15 度低溫的狀態下，是很困難的，但是，我們決定挑戰一次。我們七手八腳的在黑夜中幫老大、老二穿上發熱衣、長袖外套，另外再包著我們帶來的睡袋，在他們熟睡中抱上了嘟嘟車，小多則是溫暖的躺在媽媽的胸口，身上也裹著毛毯。我揹了背包、腳架，還有孩子的推車，穿著短褲就衝上了車，此時東方的天空已漸漸露出那迷人的魚肚白，讓人十分緊張！聽說要一個小時才能到立頓茶園，我們能趕得及嗎？

蜿蜒山路裡追逐日光

嘟嘟車司機年齡與我相差無幾，很佩服他早起載我們去看日出，也佩服他在蜿蜒的山道裡奔馳的開車技術，隨著天空漸亮，我們也看到了那一層又一層的梯田茶園，但聽說立頓茶園的日出在山頂看最美，所以要花更多的時間才會到，在媽媽懷裡的小多，迷迷糊糊的張開眼睛，彷彿在問……「爸爸我們要去哪裡？」「帶你去看日出！」我說。

六點半左右，我們抵達立頓茶園頂端的 Liton seat，趕緊下車，小聿跟小多都醒了，只有老大小羽還睡眼惺忪地，今晨只有我們一家人和一位韓國女生來這邊看日出喔，身邊一堆猴子和狗作伴。

我們拿出預先準備的麵包和茶水，跟孩子一起在這裡享用早餐，這個小鎮是個觀光客非常少的地方，所以能夠在世界名茶的茶園之下吃個早餐，是很幸福的一件事情。雖然發生了猴子和狗為了搶我們手中的食物而打架的插曲，但我們很慶幸這麼棒的美景，不是一個人獨享，而是一家人在一起。

斯里蘭卡／烏納瓦圖納

DAY
31

美到世界聞名的海灘

　　早上我還在美瑞莎（Mirissa）海灘看著海水、望著烏鴉，此時此刻我已在世界聞名的烏納瓦圖納（Unawatuna）海灘，第一排海景的旅店陽台上看著月光海，享受著美瑞莎民宿老闆送的啤酒，享受著這動人的夜晚。

　　烏納瓦圖納的海岸線比美瑞莎長了約一倍，寬度比較廣。還記得之前有個印度人跟我說烏納瓦圖納的海岸比美瑞莎漂亮，我們就覺得好奇，美瑞莎已經

很美、很安靜了，怎麼會有這樣子的地方呢？於是我們特地來住上兩天，感受看看這個當地人傳說中的美麗海灘。

　　從美瑞莎搭乘擠滿人的公車到這邊，路程大約半個多小時，搭公車時滿感動的是，前面一對法國夫妻有幫忙抱小多，讓我們還滿順利坐上那擠滿人的公車，離開時其實滿不捨的，畢竟住了整整一個禮拜，享受了美食及美好的沙灘，當然孩子也交了一些朋友。但是旅行終究得移動的，再美的沙灘，也只能收藏進回憶裡了！

　　我們約在中午時分抵達烏納瓦圖納，從公車站主要路線上看不出這個城市哪裡美好？不僅商店稀稀落落，路上也沒半個觀光客，連餐廳都少得可憐。我們一如往昔的在附近先找了間餐廳用餐，然後我先一個人沿著海岸線去探尋住宿。

　　有了之前的經驗，我熟門熟路的從海岸線找起，來到這霸氣的海灘，當然

要住第一排啦！不過看了大多的民宿之後，多半是沒有海景的，就算是第一排的旅店，房間也都被包在裡面啊！另外坦白說，這邊的開價比美瑞莎開價高上一些。從5,000盧比到220元美金（約14,000盧比）都有，無法想像一段只相距一公里左右的海岸線，住宿費用上有如此大的差異。

本來想找個有游泳池的第一排，畢竟我們在美瑞莎住的游泳池第一排海景套房，一天也才5,000盧比，這邊應該還好吧？但一問之下都是破百美金的，還是決定只要有景觀、有冷氣，便宜就好。

二線旅店的一線景觀

逛了一輪感覺普通，正想說回去要如何面對被困在破舊路邊攤，等我的妻小時，回程的路上問了一間二線的旅店「Surf City」，沒想到有二線產品，卻有一線的角間與無敵海景啊！重點是我談下來的價錢是4,500盧比，雖然說超出一點預算，但我想，絕對超值。

回去之後看到孩子們都已經在路邊攤門口等著我，手上拿著老闆娘抱著小多去隔壁騙到的香蕉，不得不說小多的魅力真的無法擋啊！這樣的畫面旅途中常常出現，我還真的看不膩。

這角間無敵美景落地窗，肯定是打趴了所有同價位的旅宿。雖然只有一大床，但我無所謂，孩子、老婆有地方睡就好。另外有冷氣、冰箱、熱水、Wi-Fi，很棒了！樓下海灘還有專屬的餐廳，躺椅區可以免費使用，也算是加分囉！

這一大片海灘，要跟美瑞莎比較起來，我覺得沙子粗了一點，但是有許多小貝殼，感覺沙子質量就像是白沙灣吧！另外因為海岸線深，所以

沙灘上面的桌子擺得很多，感覺起來較商業化。而且海岸線高低落差大，比較不適合來玩水。綜合起來看，我還是比較喜歡美瑞莎的海灘。

這個傍晚，孩子們追逐著、撿貝殼、玩沙，我們一家人靜靜的看著紅紅的夕陽沉入海的那一端，欣賞美麗的月牙灣。晚上我們在海岸的餐廳吃了海鮮大餐，3,000 盧比有烤魚、烤螃蟹、烤魷魚、烤蝦，真的是吃到會怕。整體來看這幾天在各海岸上吃的烤魚，這裡海鮮的 CP 值完勝峇厘島金巴蘭的海鮮。真是的，當時我們花了約三千元台幣，居然比不上斯里蘭卡海灘上千元台幣的海鮮。

吃完餐後，我和老婆牽著手看海聊天，孩子們在一旁玩沙子。我們說這是大自然的「親子餐廳」一點都不為過。

星空燦爛，旅行至今已經一個月了，移動雖然辛苦，但慶幸移動過後看的景色是美好的。孩子們沒睡午覺，晚上又在沙灘上玩了許久，現在都睡著了。

我們喝點小酒，聽著立體的海浪拍打聲，這個夜晚真是美好。

我們住這裡

Surf City Guest House

電話：+94-912-246-305

地址：274/5, Parangiyawataa, Unawatuna Beach, Unawatuna

斯里蘭卡／可倫坡

思念的味道，火鍋

　　在台灣的時候，如果問玉婷想吃什麼，十次有八次，她都會說：「火鍋」。她本來就喜歡喝湯，加上餵奶需要，更是常吃火鍋吃得直氣壯的，而且是會把整鍋湯喝光光的那種。所以，開始旅行前，我們幾乎天天火鍋，為的就是知道出門在外，不可能想吃什麼就有什麼。

　　旅行那麼多天了，如此的短暫卻漫長，日日都有不同的感動，寫作的靈感更是豐沛的不可思議，我們享受旅程，但有時……也會想念台灣的食物。

　　在斯里蘭卡走到一半的時候，有一天看到臉書有人更新麻辣鍋，就覺得很痛苦，每逢美食必思鄉啊！一天孩子跟家人視訊的時候，剛好拍到有人送的彌月蛋糕，結果小羽就哭了，我心想，要是有人現在拍薑母鴨、泡菜火鍋之類的，玉婷一定也會覺得傷心吧。

　　「那就查一下啊，順路去可倫坡大城市總會有吧！」我們抱著這樣的念頭，

還在加勒古城時就在網路搜尋了幾間火鍋餐廳，心心念念的截圖收藏，沒想到偶爾做功課想安排行程，居然是為了火鍋，帶玉婷去吃火鍋，比送她斯里蘭卡藍寶石還開心。

到了可倫坡隔日一大早，大家睡到自然醒，今天原本計畫要去動物園，臨到要出門前，我們也不想吃早餐，十一點多就搭嘟嘟車直接殺到最近的火鍋店裡去，看了一下環境還算乾淨，也不管價錢多少，就坐下來點餐了。沒想到要高麗菜沒高麗菜，要南瓜沒南瓜，還好替換的空心菜和冬瓜都表現得非常好，肉片更是可圈可點，重點是湯並沒有加任何的調味料，隨著沾醬一起上來的盤子裡，還放了鹽跟味素，吃鹹吃淡自己調整。

這一鍋湯，每個人都只喝一碗，其他的最後都進了玉婷的肚子裡，不誇張，一滴湯都沒剩下。

「滿足！」玉婷喊著。

小羽也一直說：「大大大滿足！」

旅行小日記　🅱️啟文

雖然為了這一餐，付出了相當於一天的住宿費的價格，但很值得。

之後搭上跳錶的嘟嘟車去動物園，付出高昂的外國人門票（每人 2,500 盧比，小孩半價），走了一整圈超級遠的路，看了很多沒見過的動物，無意間還發現在駱駝跟長頸鹿圍繞的祕密基地裡的兒童遊戲區，孩子們玩得心滿意足，我們也看得開心極了。

落日餘暉映在海邊的鐵道，我們回到民宿，大家喝杯冰涼的水，我想我能說，這真是美好的一天。

我們在這裡吃

華香居 HUA XIANG JU restaurant

電話：+94-71-117-3210

地址：37 Marine Drive, Colombo, Sri Lanka

我們在斯里蘭卡過生日

10.10 玉婷生日

　　在海邊享用燭光晚餐，現烤的鮮魚跟可樂很搭，孩子們吃飽了就在沙灘上玩，這裡的沙細緻的像麵粉一樣，我總覺得沙子特別的黏人，然後浪特別的美，明天就要移動到另一個海灘，但我已經開始想念這裡了。生日快樂，但並不特別，你一直想讓我買個紀念品，或許是斯里蘭卡特產的藍寶石，我笑著推卻，沒有什麼特別想要的，說真的。明月皎潔，但星光並不因此而稀，孩子一直到睡前，都還燦笑著，為了這樣的時光，我們做了許多的努力，一路有過辛苦，受了許多的傷，失去過許多東西，但仍走來了，人生啊，有得選擇是很幸福的，感謝自己在每一個選擇之前，勇敢的做出決定。一下子就要跨入而立之年了，我成家得早，能跟丈夫一起陪伴孩子旅行，雖然日子不能說安穩，但這樣的生活有滋有味，好的壞的我們都一起面對，走的每一步都是踏實的，回頭看，沒有任何遺憾與後悔。身為一個女人，我很幸運，能得到良人相伴，這比什麼禮物都珍貴。

10.12 小多 1 歲

　　一年前的今天小多加入我們的家庭，一年後我們一起在旅途，為了替小多慶祝生日，一早我們就帶著孩子們一起去海龜保育中心，一邊看著海龜們，一邊翻譯海報內容跟孩子們介紹海龜的資料，在這裡停留了很久，小羽還跟我們說了一個故事。「媽咪，妳知道小海嗎？」「他是誰？」媽媽一臉茫然。「巧虎一家人去海邊玩，遇到了一隻叫小海的海龜，漁夫說海龜會回到小時候長大的海灘生蛋，而小海小時候跟巧虎爸爸一起玩過，所以小海也跟巧虎一起玩喔。」「那我們也把這隻海龜叫小海好嗎？」媽媽問。「好呀！太棒了！」一隻小海龜，讓孩子們停留很久，連小多都雀躍不已，這隻小海龜也一直在他們眼前優游。

　　神奇老爸特地走了很遠的路去買了兩塊蛋糕回來，大家在海景陽台為小多唱生日快樂歌，一起享用。小多長大後，我會把影片和相片都讓他看，跟他說很多關於他和我們一起旅行的故事，並且給他很多的祝福，願小多平安健康，天天開心。

這裡，我們很喜歡

環遊世界，一路披荊斬棘，也一路繁花盛開。

印度

DAY 40

印度／清奈

頭好壯壯，印度旅行必要的美好開始

　　好的開始是印度之旅重要的關鍵，務必不能感冒不舒服！

　　為此，一大早就得外出張羅早餐回旅館吃。大家吃了洋蔥滿滿的蛋餅、喝了一大杯新鮮葡萄汁，然後每個人發維他命 C 跟香蕉，我們夫妻倆還多吃了 B 群，非常健康的準備開始適應印度的生活（雖然昨晚一抵達，我們就已經開始吃路邊攤）。

　　吃完早餐第一站，應小孩要求先到小店裡喝茶。在小的雙口瓦斯爐子上，一鍋熱牛奶，一壺熱紅茶，老闆熟練的在玻璃杯裡放入一點點糖，加入半杯的熱牛奶，再添入紅茶，用小的尖口鐵壺刷刷地的來回傾到，就是我們熟知的印度拉茶，溫潤清香的 Chai，在我第一次踏上印度的時候就迷上了，即使天氣那

麼炎熱，但只要捧著熱茶，從手心直到心底，都會被安撫得好好的，沒想到這麼多年後，我的孩子也是。老闆的結帳櫃台上擺著幾個玻璃罐，裡面有小蛋糕和不同的餅乾，我們各點了一個，也讓孩子搭配著茶享用。看著每個人都專心的、小口小口的沿著杯沿吹涼，再輕輕的啜飲。心底有一種感覺是，還好我們來了。所謂的好與壞，總要親身經歷過，才知道。

意外的百貨公司之旅

　　本來想到海邊去走走，但時間接近中午，於是先決定到搭嘟嘟車五分鐘就到的 Express Avenue Mall 吹吹冷氣，或許可以吃個鬆餅喝杯咖啡，讓孩子們舒服一點。沒想到只是單純為了冷氣而來的我們，一推開門，會遇見到迎面而來的星巴克。我們兩個同時驚呼，也太感動了吧！已經一個月沒看過星巴克了！立刻跟孩子們衝過去研究蛋糕櫃跟價格。結論是：「恩！Chai 可以喝好幾杯，我們剛喝完，現在也不餓，逛逛之後再看看吧！」沒想到，孩子們也沒意見的跟蛋糕說掰掰，立刻往前進。走到乾淨明亮寬敞的大廳，還以為身處在高雄，一點都不覺得我們剛從髒亂的街道經過。原本的計畫是，吃個鬆餅、休息之後準備去海邊散步，沒想到逛到了餐廳樓層，一開電梯門，重頭戲就來了，一家

人就卡在這裡直到晚上九點，我們才離開百貨公司。因為，這裡有類似湯姆熊的電動遊戲區，還有保齡球，除了餐廳還有電影院。

電影院不誇張，超美的，訂票全部是觸控大螢幕自己選場次選位，還設有等待休息區，可惜卡通電影只有 3D 的，雖然票價很便宜，但孩子們眼鏡戴不住便作罷，按計畫吃了下午茶，買了鬆餅加冰淇淋。這時，孩子們發現鬆餅攤位旁有一個樓梯，上方貌似有一座小城堡，但拉著關閉的線，他們的小雷達一掃射，就知道那是什麼地方了！開始吵著想上去玩，問了一下才發現五點才開啟，費用大約是每個小孩、每個小時約 75 元台幣。終於等到進場時間，遊戲場內空間超大，小多爬得不亦樂乎，兩個哥哥在多功能溜滑梯消耗體力，半小時之後才引過來玩靜態的積木、畫畫、廚房組、維修工具組等等小玩具。當了父母才有這種感觸，小孩子開心，比自己開心還重要，看到他們都好，就是我們現在最大的成就。

多年前我們戀愛時第一次來印度，根本沒踏入過百貨公司，住宿也沒想過要找冷氣，舒適與否好像不是那麼重要。而今回想起來，這些就是轉變，我們體驗過不同的階段所做的不同選擇，不同的選擇帶給我們不同的經歷，那些經歷成為生命裡重要的養分，而我們用這樣的養分，和孩子們分享，將愛以及滿出來的勇氣為他們灌溉，希望我們一起成長茁壯。

旅行小日記　by 啟文

班機抵達清奈國際機場約下午一點多，我們推著行李在機場外想要詢問公車站或是火車站要去市區，問了前兩組人都很熱心幫我們指引，後來走了一段感覺不太對，看到路邊有四個印度人在聊天，我們就去問了火車站怎麼走？一樣得到的回答是要走過一個地下道，然後再直走什麼的！但主要跟我們談的先生面露憂愁，那個先生按了按手機說：「Wait」。

過了一下子，來了一台有冷氣的轎車，我們問他說是計程車嗎？是否跳表呢？他說不是！隨後他遞了名片說：「我是這個機場的經理，這台車會負責載你們到市區，保重，祝你們旅途愉快！」

我們感動到快痛哭流涕了，一到印度就遇到這樣的好人，果然人間處處有溫情，印度也不例外！

移動日，前往馬馬拉普拉姆

今天又是移動日，要搭公車去馬馬拉普拉姆（Mahabalipuram）。

旅行至今，一個城市跟一個城市之間我們大都停留三至七天，盡量減少移動。

這幾天對於清奈的想法就是「遠離人群」，例如火車站等人來人往的聚集地，真的不宜久留，人多垃圾就多，垃圾多環境就髒，更不用考慮車子的柴油及塵土飛揚了。我永遠都忘不了在清奈火車站旁的河流，走在橋上，下面的河水混濁，一旁滿是牛狗大便及尿騷味，很多人洗飯店被單，甚至拿了大容器在洗米等等。然而，在印度這個國家，你可能會看到髒亂，但總有個角落是你可以接受的，她就是這麼神奇。

在清奈市區待了兩天之後，我們來到了台灣人 Judy 在清奈租的房子，沙發衝浪了兩晚，人家沙發是說客廳或者客房，我們沙發是跟主人一起睡主臥室，不過我可是非常有沙發精神，睡了兩天客廳喔！我覺得對一個城市的感覺取決於遇到的人以及去過的地方，住宿也是個很棒的參考點，幸好我們在清奈兩個住宿點都棒極了，去的地方也是很棒，去除掉第一天在清奈火車站附近看到的恐怖景象外，還能給及格分數。

懶懶散散的度過早晨，中午想說試試看當地的外送，於是用了當地的外送平台叫了披薩，等了一個多小時才來，不過台幣 250 元的大披薩實在很便宜。

之後我們一起去 CMBT 搭公車，準備跟清奈 Say good-bye，前往馬馬拉普拉姆，其實我對那裡沒什麼概念，但那邊有兩個世界文化遺產值得走訪，從清奈搭車又只要兩個小時，於是就衝了！

移動日常：總是在交通工具上

我們得搭往龐迪切理（Pondicherry）方向的公車，都是沒有冷氣的破舊公車，跟斯里蘭卡比起來似乎又更破爛了一點，但沒得選擇！反正旅行以來，經歷的都是這樣的移動，一家早就習慣了，只期待司機開車收斂一點，不要像

印度臥鋪火車

斯里蘭卡每一個司機一樣，急煞、急煞又急煞！

原本以為找到車然後上車就可以了，沒想到站務人員叫我們去搭的車，到了車前車掌叫我們搭別台，到了別台，又叫我們去搭前一台。我們一家五口就這樣被踢來踢去，到底要相信誰？搞到最後果然是第一台，但是為什麼車掌要一而再再而三地說沒有到呢？

在清奈段，外面空氣總是飄來濃郁的垃圾味，不太舒服。不過到了後半段，我們感受到人們所說的「乾淨的南印度」。不可否認的確乾淨許多，連牛、羊都特別的漂亮呢！沒有市區雜亂無序的壅塞感，空氣也清新許多，司機開車超穩的，也能夠飆到時速八十以上，不過一路狂按喇叭，我想應該是提醒路旁的牛不要靠近。

我們在類似高速公路旁的一個公車站停下了車，要下車不簡單啊！我們要先用力擠下車，把推車拿下去打開，然後再一次又一次的上車，一個小孩一個小孩的抱，非常的吃力。幸好當地人會熱心地幫忙接力傳遞小孩，也還好公車不會跑掉。

小羽的住宿選擇觀點

接下來，當然就是要找好住宿囉！花了一個小時左右找住宿，幾乎把海岸旁所有的住宿都看過，這邊要找到冷氣、雙人房、有 Wi-Fi 的，99% 開價 1,500

盧比以上，但不信找不到更便宜的，於是玉婷跟孩子待在小店喝茶，努力一間一間問，問到差不多了還要求試一下 Wi-Fi！因為大多的民宿 Wi-Fi 都是不穩或不通的，但是他們都會說沒問題，所以一定要先測試。

　　最後談到一間符合需求的才 1,000 盧比，而且就在市區，距離各大景點走路都能到，超棒！

　　這民宿的感覺，和五年前在印度住的感覺差不多，感到非常親切呢！這也是孩子們首次的印度平價住宿體驗。這時候小羽發表意見了。

　　　　　小羽：「我們住一天就好！」
　　　　　　　　　　　　　啟文：「為什麼呢？」
　　　　　小羽：「因為好暗唷！」
　　　　　　　　　　（把燈打開）
　　　　　小羽：「那兩天好了！」
　　　　　　　　　　　　　啟文：「呵呵~臭小子！！」

DAY
49

印度／龐切迪里

花火燦爛的印度排燈節

　　今天是印度的排燈節（Diwali），是印度的國定假日，是一個為期五天的盛大慶典。其實，在旅程中，能夠在其他國家參與到當地的盛大節日，更是旅行中無法取代的難忘經驗。在排燈節的這天，我們出門一整天，直到晚上十點去買宵夜，煙火沒有停止過！電視節目的開頭或廣告也都和 Diwali 有關，可以看得出印度大街小巷，都很看重這個節日。

　　也因為是大節日的關係，一起床房價就漲了，但我們還是想續住，沒想到今天已經全滿了。出去找了一圈，同樣的房型、加冷氣、網路電視、冰箱的至少都要 3,000 盧比，超貴啊！於是回頭來找我們住宿的旅館，跟櫃台談，說我們有小孩不好移動，看能不能幫忙想辦法。

　　得到的答案是，如果我們接受 2,250 盧比的話，他可以幫我把訂房的客人移到其他房間。我們比對了 Goibibo 的費用，再加上今天是大節日，漲價有理，最主要的是，孩子們要住得舒服，是最重要的！好了！就決定這個價錢了！

　　今天的行程？就是走春囉！

　　不過，果然是大節日，除了煙火攤，原本昨天人潮爆滿的市集，今天只有兩成的攤位有營業，還好，當地人推薦的餐廳 ARISTO Restaurant 有營業，我們外帶了幾天，終於可以有機會在現場吹冷氣飽餐一頓了。

關於排燈節

排燈節是印度最重要的節日,也是世界知名的慶典,最早是為了慶祝印度神明戰勝歸來,家家戶戶點上燈籠迎接、慶祝。因此也象徵著戰勝黑暗的意義,也代表著全新的光明開始。也因此許多印度商家會張燈結彩,企業商號會在這個時候,表達對員工或往來客戶的祝福,有點像是我們農曆新年的感覺喔!

　　吃飽了,我們隨性的逛街,幾乎每戶人家門口地板都有美麗的彩繪圖案,一路走到了海灘,發現海灘人潮好多,看來大家都在享受假期,而我們也真實的體驗了印度人在這種大節日裡的日常。

　　晚上,推著小多去街上買泡麵的時候,一路上整條街各家各戶都在放鞭炮。最讓人感動的是,看到好多三代同堂同樂的場景,爺爺買煙火放給孫子看,煙火放完了就一家坐在騎樓聊天看別人放,好溫馨啊!這才是過年的感覺嘛!

我們也玩仙女棒

　　我們當然也要一起玩一下才行!買了仙女棒和勝利之花。(一盒五根的仙女棒賣 75 盧比,很便宜)小聿剛開始有點怕怕,小羽很喜歡,小多則是被抱著看哥哥玩仙女棒,我們一家的畫面,也很美。只是才剛玩完第一根仙女棒,小羽的手指就被燙到了,煙火之旅只能喊停。

　　小羽很乖的冰敷了一個小時左右,手看起來沒甚麼大礙,沒有起水泡!不過還是擦上燙燒藥膏包紮一個晚上。雖然有點小遺憾,但,至少有玩到,而且剛剛的火光,也把我們身邊的黑暗都驅離了,真的身在其中,跟著孩子一起,才能感受到火花帶來的奇妙感受。

印度／馬杜賴

參加印度當地人婚禮

　　在參加歡樂盛大的婚禮的前一晚，我們一家五口凌晨半夜兩點半被丟在馬杜賴（Madurai）公車站旁的馬路上，在車站大廳待到天亮。

　　因為與之前在清奈結識的台灣朋友 Judy，相約參加 NGO 夥伴的婚禮，約好在馬杜賴會合。所以我們晚間九點，搭上從少年 PI 的故鄉——龐切迪里到馬杜賴的臥鋪巴士。車上會提供水、毛毯，到站還會喚醒乘客，整體感覺很不錯，孩子們也因為難得搭到臥鋪巴士顯得超興奮的，一直抓著車窗看風景不睡覺。

　　因為搖晃跟注意孩子，睡睡醒醒的，沒想到班車比預計時間更早到達，我們一家人，凌晨三點，就這樣被放在馬杜賴的公車站旁的道路。但是，Judy 從清奈搭車過來，也要四點才會到。於是，我們一家五口就在車站的大廳跟著印度人一樣坐在地上，蚊子很多，地板很髒，氣溫有點涼，但這就是印度，這就是旅行！隨遇而安，涼了就添衣服，餓了就吃點東西，其實半夜的公車站很熱鬧，賣手機、餅乾、蛋糕、飲料的攤販都有開，人潮也不少，就這樣，我們在這裡等待。

　　只是等到四點半還沒看到人，跟站務員借了手機聯繫，發現 Judy 的路程

大約還要二個小時，雖然三更半夜的又帶著小孩，但是因為我們手機無法使用，怕離開了之後又更難聯絡，於是只好繼續等下去。孩子們難得半夜不必睡覺，精神還不錯，一直問著：「Judy 阿姨來了沒？」從深深的黑夜看到了天藍的魚肚白，一直到太陽出來，在接近七點的時候，終於到了，小孩精神奕奕的，但對大人來說這可是疲憊的夜晚啊！

趕緊找了旅館，大家全力補眠，醒了就吃東西，逛逛米納克希神廟（Meenakshi Temple），到市區選了蛋糕當新人禮物，還在路邊喝了熱拉茶，平平凡凡的一天，但卻無比滿足。隔天要參加的婚禮！我們準備好了！

一早，搭公車前往參加婚禮時，在公車上遇到一群外國人，剛好我們要去一樣的目的地，一問之下才發現都是新人的 NGO 朋友，真是太奇妙了！他們大多是德國人，女孩子還特別穿上了紗麗參加婚禮呢！到了小鎮，我們一群外國臉孔馬上就引起關注，還好剛好也有參加婚禮的當地年輕人幫我們引路，順利的來到宴客的地方。

印度傳統婚禮初體驗

因為是印度傳統婚禮，只有女生可以入場觀看婚禮儀式，小孩則是比較沒有禁忌，小多仍然萌翻一票嬸嬸阿姨。儀式後的宴客時間，在一個大空間中，中間一道布簾，區隔男女分開，大家席地而坐。而我們這一群外國人，新人也貼心地特別給我們一個小空間，讓我們全部坐一起。

入座後開始有人來幫忙放置一大片光滑的葉子作為餐盤，接著擺上羊肉咖哩、蔬菜咖哩、白飯、優格，大家入境隨俗席地而坐，以手取食。羊肉咖哩雖然辛辣，但羊肉軟嫩，香料燉煮入味，好吃極了。如果不嗜辣的，可以學當地人將優格拌入白飯，跟著咖哩一起吃，酸酸的奶味可以綜合嗆辣的感覺，吃不夠的話，想吃什麼隨時可以再加，保證每個人都能吃飽飽的。

我們也發現，這裡的喜宴就像流水席，是所有村裡的民眾都可以來參加，隨意吃的。當時正好有學校的學生下課，就集體過來一起吃飯，一輪過一輪的。在印度，婚禮的意義某方面來說，就是大家一起吃吃喝喝，熱鬧熱鬧。

吃飽後我們探新房，大家一起合影聊天，孩子們跟當地的小孩玩成一團，看著他們玩在一起的畫面，真的很美好！小孩的世界裡沒有膚色、種族，更沒有語言隔閡，即便無法溝通，依舊在眼裡的善意與愛之中，開心的玩樂著。

如果沒有這趟旅行，記憶裡就不會有這樣美好的畫面了。

在印度，男人與男孩們的面子問題

　　五年前，在北印度阿格拉的街頭，當時的我，頭髮鬍子都長很長了，本來打算在街邊買個刮鬍刀，但是走了很久都沒看到，問了街邊小販也都不知道。正當我疑惑著這個城市，該不會沒賣刮鬍刀的時候，我在泥土街邊的行道樹旁看到一把椅子，一面鏡子，老闆站著等客戶上門，看來是理髮廳擺地攤的概念。我很想上前去刮個鬍子剪個頭髮，但看到他刮別人鬍子都沒換刀片，就遲疑了。就這樣，一路當流浪漢了！

　　事過境遷，五年後回到印度的我還帶了三個孩子，我在南印馬杜賴首次剪了頭髮，後來到果阿時兒子的頭髮也長了，我們又全家男人一起去剪髮嘍！

小聿的印度妹妹頭

　　剪頭髮時，小聿自告奮勇要先剪，還千叮嚀萬囑咐要剪妹妹頭，其實他一直以來都是妹妹頭，他也很喜歡。這對第一次帶小孩來印度剪頭髮的我們來說，心裡感覺是七上八下啊！

　　跟台灣一樣，他們拿了一塊洗衣板的東西墊高位置，小孩就坐在上面。小聿會害怕，所以要求媽咪手手牽著。這個理髮師剪頭髮非常俐落，雖然他們拿的理髮刀是我們在書局買的那種一般剪刀，但是技術非常好，大約五分鐘的時間就剪好一顆頭了。結果我們非常滿意，真的是妹妹頭，旁邊也推得很俐落，小聿也很滿意。一直說著：「我的妹妹頭好可愛！」

小羽的模特兒頭

　　哥哥接續小聿後上陣，媽咪一樣拿了個樣本給理髮師看，一樣是撇撇鬍子說沒問題。小羽的髮型會比較像是我平常剪的那種有點瀏海的，他都說那是「模特兒頭」。他也是需要有媽咪在旁邊，看到一個陌生的大叔拿著刀剪來剪去他也會怕吧！我則是抱著小多在一旁拍照，一邊鼓勵他很勇敢。結果怎麼樣呢？我只能說怎麼剪都比自己剪得好看啊！哈哈哈！真心覺得非常的值得，也感受到印度便宜但有高水準的技術，難怪在路上常常看見很帥氣的小屁孩。

小多壓軸，印度 FreeStyle

最後小多上來，要人抱著！至於要剪甚麼髮型？我們讓髮型師自行發揮，此時來了一個光頭大叔，感覺得出來他專門剪這種小孩子的。就看著他們三個人用印度語言討論了老半天之後就開始剪了。首先用梳子梳出髮線，然後非常細心的打薄、推邊。整個過程最爽快的是我們這兩個爸媽，因為髮型很帥，剪得很用心。小多也異常的乖，幾乎沒有亂動，過程很順利。花了至少有二十分鐘，不得不再說一次非常的划算。

啟文專屬面子大整頓

第一關：剪頭髮

大叔叫我坐在椅子上，他英文不太行，所以也沒說什麼話就拿出剪刀剪了起來。我其實滿緊張的，怕被理光頭，幸好沒有。這刀子滿利的，剪的時候可以聽到刷刷刷的聲音。速度也滿快的，不過感覺有用心，技術有比百元剪髮強一些，也能打薄之類的，修一下鬢角就完成囉。

第二關：剃鬍子

剃鬍子對我來說是件大事，因為我也從來沒被人拿剃刀刮過鬍子，這東西滿恐怖的，那刀子這麼大把，在嘴巴脖子上掃來掃去，在異鄉真的是得小心啊！不過眼前的大叔看起來也不是壞人，我就放心交給他了。

他先上刮鬍泡，在我的臉頰、下巴、脖子都塗滿刮鬍泡。刮鬍泡很濃，觸感特別。我最介意的是否換刀片的問題，還好玉婷幫忙留意，確實有換，我就安心一半了。印度大叔非常俐落地幫我刮鬍子，沒有不舒服的感覺，只是我的脖子根本就沒

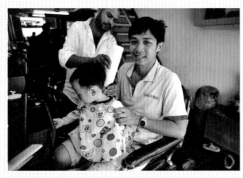

長過鬍子，不知道為什麼刮鬍泡要塗那邊啊？有點恐怖啊！最後，總共塗了兩次刮鬍泡，刮了兩次鬍子。

我以為這樣就結束了？沒想到他沒有要放過我的意思，叫我繼續坐著。

第三關：修鼻毛

只見印度大叔拿了剪刀，瞪著我的鼻孔，修鼻毛。我不知道他要怎麼修，但是在印度，鼻毛對我來說很重要，我不希望他修太多。因為這裡空氣不太好，灰塵很多，希望留多一點鼻毛幫我隔離一些髒東西。最後，他簡單剪了幾根，意思意思。

第四關：洗臉

接著，他用噴霧瓶噴了我滿臉的水，然後再度用刷子在我全臉刷了一種有點粉紅色、聞起來香香的液體，我真的不知是什麼。接下來用布擦乾，也是進行了兩次，如果這算洗臉的話，還真的特別清爽。最後他在臉上噴了一種液體，很涼很涼，像薄荷又像酒精，涼到爆，可以讓睡著的人瞬間醒來的程度。

收工嘍，大家覺得，我跟三兄弟的新髮型，誰比較帥呢？

印度理髮院的修容剪髮價目表
剪頭髮100Rs（約台幣50元）
臉部清潔30Rs（約台幣15元）：包含刮鬍子、洗臉、修鼻毛。
姑且不論這價位在印度如何，但是換算成台幣，這價錢對我來說還真的超佛心啊！我在台灣剪一顆頭都要700元了，最便宜的百元剪髮，也沒剃鬍子、修鼻毛服務啊！

印度／西高止山──蒙納

捨不得離開的印度山城

　　在西高止山（Western Ghats）的日子，起床時，鼻尖總是感覺濕濕冷冷的。孩子們擠成一團，都躲在毛毯裡賴床，也是常見的。但是今天，我們要去探訪整座西高止山脈，賴床不得！我們倆分工合作把小孩打理好，揹著包包，拿著昨晚準備的麵包、餅乾在路上當作早餐，從容出發。

「Good morning！」嘟嘟車司機迎面而來親切的招呼，孩子們已經整隊依序上車，自己找好位置，今天預計包車六個小時，盡情的探索西高止山脈群。

我們一直到親身來到之前，對蒙納（Munnar）都還很陌生，在馬杜賴時有和孩子們討論，是要繼續往南走到底的科摩林角（Cape Comarin）的海邊，還是要上山看動物？結果小羽毫不猶豫地說：「我們上山吧！山上涼涼的比較舒服，然後我們再去海邊。」（小羽不管哪一種選擇，後面都是接海邊行程）於是呢，我們搭了六個多小時山路的車，又是暈車，又是享受沿途絕美山景的來到這座山裡。

只是一下車，孩子們不是對著美景眼睛發亮，而是對著街邊小販的玉米粒流口水。這裡很多這樣的小吃，一份 30 盧比（約 15 元台幣），玉米粒蒸得熱熱的，伴著奶油和一點點的鹽花，捧在手裡暖暖的，吃起來甜甜的，孩子們很喜歡。不過，也對啦！小朋友吃得飽飽的，才有精神欣賞美景。

自然，最是美好

先是參觀茶園，接著是來到穆那河（Mula River），它是印度的一條河流，一直到西高止山脈被穆爾希水壩攔截，我們沿著山路，或遠或近的看著這條河流蜿蜒，山林裡迷濛的霧氣，高聳的針葉林向，綠草如茵，此時眼尖的嘟嘟車司機突然在不起眼的路邊停車，然後旁邊也突然跟著停了一些車輛。

仔細一看，在山林裡，野生的大象正在散步，小象正在睡覺，很感動，在看到自由的大象之前，稍早司機有向我們推薦了 Safari 行程，但到了買票的地方才發現是騎著大象去繞森林，一頭大象身上會坐著幾個成人，不間斷的一直工作，我們直接就拒絕了。

如果所有的大象都能好好的生活在森林或者草原裡，我們能夠遠遠的看到

關於西高止山（Western Ghats）：

西高止山脈是世界自然遺產，位於印度南部，呈南北走向，最高海拔2,695米，是世界公認的八大「最熱門生物多樣性熱點」之一。雖然這裡有許多的森林已經被開發成農地，大多種植茶樹，滿山的茶園很美，相對也會影響動物的棲地以及生態，這就是文明，有好有壞，如何和自然和平共處，也是我們必須要思考及面對的課題。

牠，就足夠了，我並不需要牠為我工作，或者違背本能地只為了娛樂人們。

　　我們持續穿梭在山林間，不時的，我們在大自然的壯闊景致之中，真的無法用言語來形容，只能一再的說：「好美喔！」這樣的讚嘆，是不足以形容眼前所見，身在其中慢慢的享受當下是必須的。

　　我們在河的另一邊野餐、嬉戲、奔跑，風裡傳來的是朗朗的笑聲，眼裡所見是開闊的風景，呼吸的是乾乾淨淨的空氣，離家至此的奔波與跋涉，都有了理由，為了那些我們未曾見過的，未曾體驗的美好。

旅行小日記 by玉婷

在山上，我們溯溪了一小段路，為了盡頭的瀑布，大家手腳並用，沿路互相扶持，啟文抱著小多還要注意我們，一個打滑他依然穩穩地抱著小多，但整隻小腿卡在石縫裡面，看著他表情驟變，我想一定受了傷，但我們彼此有默契，讓兩個哥哥在石塊上坐好，我接過小多，啟文冷靜地自行把腳移出石縫，就著溪水清洗傷口，我一手抱著孩子，一手從包包裡掏出處理傷口的物品，查看了傷在腳踝處，皮膚本來就纖薄，血還在流，但活動一下沒傷到筋骨，皮肉傷固然怵目驚心，但並沒有什麼危險，確認沒有什麼泥沙碎石，我壓上了乾淨的面紙止血，接著上了滿滿的抗生素藥膏，貼上人工皮，我們就繼續前進。前方流水潺潺，不是特別的壯闊，不是我看過最美的，但我們追求的並非極致，而是那些一起經歷的，有苦有樂的每一刻平凡人生。

DAY
60

印度／西高止山──蒙納

說變就變的印度紙鈔失效記

在蒙納停留了十來天，一來是因為西高止山太美、空氣太清新、氣溫舒適，還有一個主要的原因，是我們來到此的第二天就遇到了印度歷史上的大事件。

印度總理傍晚宣布為了打擊黑金，從宣布當天半夜開始，現行的 500 及 1,000 盧比失效，而我們身上還有約 25,000 元盧比。為什麼會這麼多呢？因為每一次的移動前，我們都會確保身上有足夠的當地貨幣，標準就依當地的物價消費平均，至少夠用五天來計算。

發生這麼大的事情，我們倒沒有什麼緊張或生氣的感覺，只覺得好笑，然後就坦然的接受面對。

所幸當時的旅館，一開始就表態會收我們的舊鈔，開始的前幾天，銀行跟 ATM 沒開，附近的餐廳或許因為我們是外國人臉孔，或者看在我們帶了三個小孩，大多都還願意讓我們使用舊鈔。接下來遇到週末，新的旅館主人說了開始不收舊鈔了，但暫不收錢等我們換鈔或者收美金，因為不知道這樣混亂的時刻會持續多久，即使再怎樣也能靠著刷卡過活（住好一點的飯店、上餐廳吃飯），還是要先做好準備，於是開始每天自己下廚，減少娛樂性的開銷。

從鈔票看人生

買菜、買水都是很少的錢，一瓶 1,000ml 的瓶裝水不過 20 盧比，買一顆高麗菜 10 盧比，五顆牛番茄 10 盧比，一公斤雞肉 160 盧比，這些小錢，以往拿 500 盧比出來店家都會皺眉為難的，但在這個時刻，人人缺少小面額鈔票，印度新聞也是不斷報導排隊人潮，很多店家都貼出舊鈔 500、1,000 盧比不收的海報，幸好我們活動範圍內的商家，都毫無猶豫的收了我們的 500 盧比。

遇到的困難，反而讓我們看到人性的無私。

前幾天去雜貨店買水，因為煮菜關係要買 5,000ml 的胖瓶，到店家時我就先亮出 500 元鈔票，跟老闆說不好意思提款機都沒開，老闆說：「水，就拿走吧！或許明天提款機會開，明天再來付錢沒問題」。然後我就真的帶走了水，

換鈔人潮

沒有留下資料，甚至，他連我的名字都不知道。

　　隔天，提款機依舊沒開，我不好意思的拿著我的 500 元鈔票再去，老闆看到我親切的打招呼，完全沒跟我要水的錢，他擔心我們身上沒有散鈔，把 500 元接過，直接換了五張百元鈔票給我，我要付水錢，他還一直推卻說沒關係，可以等我們領到錢再付。

　　他口裡的沒問題，都是建立在自己的不方便，都是建立在對一個陌生人的信任上。

　　還有去買雞肉時，老闆只是說要買滿一公斤他就換錢給我，買菜時，老闆看我拿出一疊鈔票，沒有跟我要小鈔，直接把 500 元鈔票找開給我。

　　提款機開始可以領錢的時候，大排長龍得不得了，而且因為太多人提領導致系統當機，我只是問路人哪裡還有其他的提款機，路人跟我說不用去了都沒錢，叫我拿 500 盧比出來，直接換五張 100 元新鈔給我。

新鈔終於到手

　　事件過後一週，我們才在一間巷弄裡不起眼的銀行，全數換掉手上所有不能使用的貨幣。

　　我們都不是第一次來印度，但很多人對於我們帶著三個年幼的孩子來印度旅行，大多是覺得不可思議，更多的是勸阻。我知道大多數的人，甚至是在我沒來過印度之前，對於印度得到的資訊真的很貧乏，大多來自媒體新聞，或者是旅客間各種光怪陸離的故事，但我們真真實實地體驗到了印度的友善與親人。

　　我們常常在想，旅行就是讓我們能夠真正的貼近世界，必須自己走過，感受過，才知道自己喜歡不喜歡，想要或不想要，若不是如此，聽說就永遠只是聽說。

印度／內度肯丹←──→拉梅克卡爾梅度

Super 的美景，
Super 的旅行記憶

　　我們所在的地方位於南印度荳蔻丘陵上的小鎮內度肯丹（Nedumkandam），會在這裡暫時停留，是因為本來預計從蒙納搭車要往南方，距離約七十幾公里的佩瑞亞（Peria）國家公園，但是顧及帶著小孩不方便坐太久的公車上山，所以拆成兩段來走，這個小鎮位於聯繫幾個觀光重鎮的主要道路上，大部分都是過路，停留的遊客很少，我們入住三天，整個偌大的旅館就只有我們這組客人。

　　原本預計在此地睡個一晚就離開，但我們第二天集體賴床爬不起來，又加上覺得這邊住宿便宜，氣溫溫暖又乾燥是個可以好好休息整頓的城市，便決定多停留兩晚了。

跟老闆聊天時發現桌上有一張旅館的簡介，封面是一處居高臨下的美景，便問了老闆這個地方，他說是拉梅克卡爾梅度（Ramakkalmedu），是喀拉拉邦與泰米爾邦的交界之地，居高臨下可以看盡泰米爾平原的美麗景觀，距離小鎮約十四公里。

　　我們午睡醒來，隨意買了幾個麵包便叫了台嘟嘟車前往，先去看了雕像，然後去登山口時，已經四點半了，來這邊的目的就是為了看壯闊的美景，雖然太陽快下山了，不過路邊指標寫著第一個景觀點 550M，我們評估應該可行，還是想試試看。

一家人的冒險開始

　　一開始還有個明顯的山路可以走，我們有說有笑的走著，旁邊沒有其他人，途中面對了猴群的接近，但沒有進一步的行動，我們保持冷靜加快腳步離開猴群的區域，就在離開猴群後不久，本來人走出來的山路因為遇到大岩石，而看不出路徑了。

　　我先抱著小多去探路，其他人在原地等候，沒想到爬上岩石後發現是懸崖，還真是驚恐。下來之後又開出了另一條路，是紅土加石頭坡，斜度依舊是 40 度很難爬的路，眼前還有許多樹枝擋路，一點都感覺不出來會是這條路，爬的時候必須手腳並用，爬到約十尺高時看見前方有一條似乎人走過的小徑，但比較難走，但從地貌以及山上有人交談稀疏的聲音看來，應該就是這裡了。

　　「媽咪，小羽，上來這邊，有路可以走！」我喊著。

　　小羽：「太棒了！」

　　看著玉婷一個人帶著小聿和小羽，居然闖爬過了大岩石區，聽著他們大聲念著我們教他們的口訣：「手腳並用，手腳並用，手腳並用！」

　　之前在蒙納溯溪去瀑布的時候我們便教會他們在水中選石頭踩穩再前進，必要的時候要壓低姿態手腳並用，才能穩健通過，在台灣的時候我也教過小羽攀岩，他練得很好，在此刻的深山野嶺一切都派上用場了，而小聿也在媽咪的牽引之下完成。

　　等我們一家人會合之後，由於天色漸晚，眼前的道路更為艱辛，這不是普通的山路，雖然可以走，但跟台灣登山不同的是沒有步道，也沒有任何指標，有些地方走到一半便看不到有人跡的路，往上走也不確定還要多久，我們討論著是否放棄。

此時小羽說：「不要放棄！」

小聿也說：「對！不要放棄！」

沒想到此刻反而是小孩鼓舞我們，雖然有點風險，但是經過評估，路雖難行，並不到不可行的地步，且我們有手電筒，黑夜來臨下山只要慢慢走應該不是問題。決定了要繼續前行後，我繼續抱著小多往前走，小羽跟在身邊，此時的路已經不太好走了，小徑不寬，而且非常的滑，玉婷則是帶著小聿緩慢地跟在後面。

小羽評估自己的狀態，提出請求支援：「爸爸我過不去。」

我說：「來，爸爸拉你一把！」

以為穿過這條小徑後很快就會看到峰頂，誰知道走出來之後，眼前是看不見路的碎石斜坡，因為滿斜的，爬上去也必須手腳並用，也因為寬廣，根本不知道要往哪爬？

團結攻頂成功

我先探路，走差不多五十步左右，發現居然到了山頂了！且山頂有人在看

風景。當下，立刻跟大家說到峰頂了，這邊翻過去就是眺望壯闊美麗的泰米爾平原了。

　　一家五口一起努力，走過了許多難走的道路，最後看到壯闊的美景。然而美景在眼前，我們心裡所想的並不是這些，而是過程中不放棄的精神，以及一家人的凝聚力。此時此刻，我們在印度深山裡面，只有一家人可以互相扶持，不管有什麼困難，爸爸媽媽站在前面抵擋，我們帶著孩子用雙腳走出不服輸的精神，孩子們沒有任何哭鬧，而是理性的跟我們討論該走哪條路，哪個方向，互相打氣。

　　在山頂我們沒有停留太久，必須趁天色還有一絲微光，趕緊下山！雖然在暗黑的天色下走下山，有點驚慌，還好遇到了一行好心的印度人，其中有位身手矯健的印度阿伯，還一度抱著小羽往前走。下山的路程中，天空中燦爛的星沒有缺席，好像也在鼓勵著我們。孩子們說：「星星在陪我們走路喔！」

　　見到我們一家下山的嘟嘟車司機，開心的問我們：「Super？」（這是印度人說很厲害、很漂亮的意思）

我們回答： *Super*

旅行小日記 by玉婷
我第一次爬沒有登山步道的山路，有太多的不確定，但還是帶著堅定的心往前行，雖然很想罵啟文，但幸運的是我們一家人一起完成了這件事情，攻上了山頂，也不小心把帶小孩旅行的極限又往上攀升了！

旅行小日記 by啟文
感謝上天賜給我可愛勇敢的孩子，以及一個美麗勇敢的老婆！
感謝上天安排我們走上這一段壯美的生命道路，給予我們挑戰的機會，讓我們經歷，並且克服了！

印度／帖可迪

佩瑞亞國家公園野生動物探險

「早安」，最早醒來的是小羽，他開了房門，說要在陽台吃早餐曬太陽，拿了果汁跟麵包給他，轉頭就看到小聿睡眼惺忪地爬上另一張椅子，張羅好兩個孩子，叮嚀他們兩句注意安全，吃飽要收拾好避免猴子來翻食物，回頭查看應該還在睡的小多，沒想到他已經睡醒，自己爬下床來到我的腳邊，也給了他一張椅子，孩子們坐在一起，沒有說話，陽光溫暖，剛睡醒的慵懶。我靠在門邊看著他們，我們的叢林民宿，有猴子、牛、羊伴著一起早餐。這樣的晨間片刻，得一家五口一起踏上旅程，才能擁有。

就這樣過了一個慵懶的早上，近午時分，他們興沖沖地說：「看到了狒狒」我們還傻傻地問他們是不是把大猴王看錯了。

「我們聽到超大聲的叫聲，吼～吼～吼～的！」孩子們嚷嚷著。

這時，鄰居的小男生爬在圍牆對我們比手畫腳，一直比著樹上，又比著我們樓上，馬上帶著三個小孩衝上三樓，在樹頂看到一隻超大隻的黑色狒狒。

對於從小生活在高雄市區，國中後才回到旗山鄉間，我家就在小山上，生活不乏小動物，但和野生的狒狒那麼近距離的和平共處，仍然是一種不能想像的概念。

中午叫了嘟嘟車出門吃飯，在一條頗熱鬧很多小商家的六米路盡頭，有一個大大的閘門，需要買門票，而且票價不便宜，一個人要 450 盧比，我們面面相覷，以為城鎮還需要買門票？幾番確認不是佩瑞亞國家公園的遊湖船票後，我們也覺得既來之則安之，龍潭虎穴也要一闖，被騙也總比無功而返好，就從錢包掏出新的 2,000 盧比趁機找開，不然這麼大的面額，超難用的。

沒想到嘟嘟車駛入了閘門，兩旁的景觀突然從小鎮巷道變成高聳的林相，帶著疑惑慢慢前行，嘟嘟司機開始注意著兩旁，根據經驗，這是在找動物，不到兩百公尺，司機就往旁邊一停，我們趕緊靜靜的探頭看找到了什麼，眼前綠油油一片，或深或淺的鬱鬱叢林，根本什麼都沒看到，司機右手一指某一處，說是鹿。

「哪有那麼好運，路邊就有野生的鹿可以看」正當心裡充滿懷疑時，沒想

到還真的有，而且跟我們等高，長長的鹿角，大眼睛警戒地盯著我們。和野生鹿相遇後，我們繼續前行，來到了一個像是停車場的地方，旁邊有一個驗票庭亭，我們接下來得下車徒步走入森林步道。這時小羽往天空一指說：

「媽媽你看」

「什麼？這棵樹很高嗎？」有時我們會玩找最大棵樹的遊戲。

「不是啦，妳看那個是什麼，一顆大大的球。」

「是蜂窩耶！天啊！你怎麼那麼厲害發現蜂窩。」

「嘿嘿，給我一個讚。」小羽高興的說。

「讚！這個超大的應該是虎頭蜂的窩，我們快速通過不要驚擾知道嗎！」趁機教育一下。

我們一家往前走，一路大樹、小樹，大猴子、小猴子，走到底看到了湖，這才了解原來這裡才是佩瑞亞遊湖行程的購買處，而帖克迪這個小鎮本身，應該就是一個森林，問了船票一個人 225 盧比，下一班是下午三點半，我們便去旁邊鐵籠關起來的餐廳吃午餐。為什麼是用鐵籠關起來呢？因為成群的猴子會來看我們啊！對著我們手上的食物虎視眈眈的，不可不防。

遊湖行程只能說很看運氣，運氣好就什麼都有可能看到，運氣不好也可能什麼都看不到，但還是很棒，船開得極慢，湖畔兩旁景色絕美，下午的天氣剛剛好，很舒服。真的只能說，很感謝老天爺，我們看到了野生的鹿群、象群，還附贈一堆叫不出名字的鳥類，時間飛快，我們一直嚷嚷著：「剩下一個印度野牛，我們就能打完收工，安心地離開印度去下一個國家了。」

偏偏我們都知道，人生沒有什麼事情那麼好康的，印度野牛不是這麼容易遇到的，離開佩瑞亞湖都沒出現過。

見到印度野牛了

我們搭乘嘟嘟車返回的路上，司機突然往田園路邊一停，我們已經習慣了，全家人都靜靜的跟著往外一看，然後我忍不住小聲歡呼！小羽指著外頭黑色的牛，説：「媽咪是印度野牛嗎」？司機彷彿突然聽得懂中文般説：「Yes,bison!bison!」

漆黑壯碩的身軀，四隻腳踝白色，配上呆萌的臉龐，一眼就能清楚辨識，是印度野牛沒錯！俗稱的白襪子。我們都好開心！好開心！搭吉普車上了好幾座山頭，搭兩個小時的船遊佩瑞亞湖，沒想到眾裡尋他千百度，暮然回首就在尋常處。

我們帶著滿心的歡喜，晚餐飽食著印度的餅跟煎蛋，還有在山上舒適的涼涼天氣裡喝著熱呼呼的羊肉湯，回到民宿洗一個熱呼呼的澡，聽著窗外風吹樹葉的聲音，看著孩子們甜然入睡，真是美好的一天。

印度野牛，謝謝你！

印度／柯欽

旅人與旅人的相遇

我們一家旅行至今已經快三個月了，聽起來也許有點久，但眼前這對跟我們年紀相仿的外國夫妻，已經旅行超過四百天了。

我們第一次相遇是昨天在印度最古老的教堂前，進去的時候他們剛好出來，看到年輕的亞洲女孩我們眼睛為之一亮，畢竟出來這麼久還沒什麼機會看見亞洲人，我們點頭打了聲招呼便各自離開。

異鄉遇見台灣人

晚間散步在住宿附近的小巷子又再次相遇，這一次又是我們要進去，他們要出來。在門口寒暄兩句，當他們聽到我從「Taiwan」來的時候很興奮，大聲的說「I am also Taiwan!!」我們很興奮終於遇見台灣人了，但說中文她有回，只是感覺不是很流利的，一問之下才發現她原來是韓國人，名叫惠仁，大學在美國加州念書，在那邊認識很多台灣的朋友，對於台灣並不陌生。一旁的白人臉孔是她的先生 Ivan，出生於俄羅斯，他們結婚剛滿四周年，非常相愛，也很享受目前的生活。昨天我們一見如故，在交換聯絡資訊後，特別約了再見個面，好好聊聊彼此的故事。

於是我們相約在 Cochi Club 的咖啡廳，在這邊孩子可以開心地踢足球、游泳，我們也能聊天。

人外有人，天外有天，他們一路從加州自駕走完南美洲，然後又用貨櫃把車運到蒙古、韓國等地展開跨國自駕，走完中南半島後來到了印度。我看著他們手機裡面恩愛且奔馳在大自然的照片，覺得深深地被感動了。我在想如果我們沒小孩也會這樣玩嗎？但無論如何，有小孩的我們也走在路上了。

每個人的背後都有許多故事，他們賣了鋼琴，車

子等有價值的東西，也放棄了買房子的機會，就為了這一趟旅行。如同我們為了這趟教育旅行，把人生第一間的房子賣掉，追求未知的領域。不論是賣掉或是放棄購買都是非常需要勇氣的，尤其這些是有形的金錢，去換取我們想要的無形的知識以及世界觀。

我們熱烈的聊著彼此的問題，包含父母的想法或是旅行預算的控制，他們的父母跟我們一樣都是非常的支持，我想如果我的孩子願意自己去闖，我也是舉雙手贊成的！

那個下午，我們喝著咖啡聊整個世界，孩子們在旁邊的草皮奔跑，途中也一起在太陽下陪小孩踢了場足球，對足球有著無比熱情的 Ivan，更是熟稔的踢球、頂球，帶著小羽東奔西跑，我想小羽跟小聿一定也覺得很開心吧！後來我們還一起去游泳呢！

印度非常奇妙

這個游泳池位在俱樂部內，很乾淨，收費也很貴，一個人要 600 盧比（300台幣），一度還為了小孩的門票費用到底要不要收，有了點小爭執，最後三個大人加兩個小孩下水游的總費用是 2,400 盧比。但是當我們要付錢時，問了一句總共多少錢時，俱樂部的主管說：「1,400 盧比」我實在不懂怎麼會是 1,400盧比？不是應該 2,400 盧比嗎？就算不算小孩的錢，也至少應該要 1,800 盧比才對啊？我們內心暗自偷笑，外表卻又得裝作付得不是很願意地離開。

出了大門以後，大家哄堂大笑，「This is India!!!!」這是我們的結論。

本來 Ivan 要帶我們去魚市場看大鮪魚拍賣，但今天因為是假日，所以沒船進來，加上孩子們游完泳很累了，我們便先道別，結束這一天的旅伴行程。

這個午後讓我收穫滿滿，除了對於異國文化有更深層的認識外，還交了這兩位朋友，很享受的暢談旅行點滴也消耗了孩子們的電力，彼此用最真誠的祝福為這完美的午後畫下句點。

旅行的魅力就是如此，你不知道下一個轉角會遇見誰？也許一個微笑一句Hello 可以遇見下半輩子的伴侶，就算沒那麼久，也有可能是一天的朋友，也不錯啊！您說是不是呢？頻率相近的人在一起無需太多的言語，只需要適時地陪伴，短暫的充電，便有走更遠的能量。

環遊世界第100天，兄弟們的成長！

　　旅行至今即將邁入第100天，覺得時間過得好快！在印度兩個月的旅程將告一段落，這60天我們走過了印度十二個城市，從東部的清奈走到西部的孟買，住了十九間不同的旅館，也沙發了朋友家，搭了跨夜臥鋪巴士、臥鋪火車、交通船，孩子們歡笑一整路，印度為我們的家庭刻下了滿滿的回憶。

　　滿百的這天，我們回想了當初一個衝動要帶孩子出來背包的初衷，覺得那真是太棒的決定了，幸好我們也認真地去實踐，否則我的孩子現在可能在家裡玩遊戲或是在幼稚園想著爸爸媽媽。

　　在這100天中，最讓我們動容的，就是三兄弟的成長。

老三萌多

　　小多在斯里蘭卡度過一歲生日，在印度學會了自己走路，聽得懂人話了，也開始亂說話，會發脾氣表示自己的意見，眼神也成熟許多。

　　我們都說他是「跟風多」，就是哥哥做什麼他就做什麼，哥哥被罰站在哭的時候，他也會跑去一起站一起哭，別人在笑，他也會笑，看見路人跟他打招呼揮手，他會回以熱情的招呼，人見人愛，尿布外交第一把交椅。

　　喜歡自己洗澡，吃飯不喜歡人家餵，堅持要自己拿湯匙，真的是個獨立的孩子。

老二小聿

　　小聿他的體質是很容易吸引蚊子的，身上留下了許多蚊子贈予的紀念品，但他是那麼懂事，不會哭鬧，兩歲多就不需要尿布，可以自己去上廁所。雖然兄弟吵架難免，但昨夜熄燈後哥哥説他好累腳好痠，剛好我們在忙，小聿説：「哥哥我幫你按摩」，就幫他塗乳液捏腳，旅途中感情更好了。

　　小聿還是小多的保護者，最愛他的弟弟，睡覺要抱著多多，連走在外面別人要摸多多，他都會用身體阻擋，或是大叫 "Don't touch" ！一邊大聲呼喚我們。

　　雖然我們沒有特意教導他們英文，但旅途中常被搭訕攀談，最常見的 "Where are you from?"、"How old are you?"、"What's your name?"，早安、午安、晚安等問候語，他們都會了，也非常會拒絕推銷，説著 "NO！NO！NO！"。更曾經不需要大人翻譯，自己和外國人對答如流，當我們很驚訝的看著他時，他轉過頭驕傲地説「我會！我會！」

　　他也學會對自己的東西負責，有一次他的背包遺失又找回，讓他更懂得珍惜自己的東西，移動的時候或者上下車也都會檢查自己的東西，有時候還會找到我們不小心遺落的物品呢。

大哥小羽

　　從小帶他背包旅行，總希望他多走路，而這次走這麼長的旅行，又帶三個孩子，就很少機會能夠抱他。他才四歲多，就幾乎完全自己走路，有時候一走 3、4 公里，速度還要跟上我們大人，真的很令人不捨。但他很懂事知道爸爸媽媽要抱多多或是小聿，必須靠自己，而在很多時候我們可能在移動分不出手，他還可以幫忙抱多多一下。

　　他的英文聽力很好，許多次我在跟外國人聊天，他都可以聽得懂，例如：房間很貴、食物很辣之類的，我們大人在做，孩子總是默默地在觀察。

　　小羽特別愛幫媽咪煮菜，當媽咪的小幫手，遺傳了愛買菜的基因，很會挑新鮮蔬果，目前新增的技能是打蛋，可以兩隻手打蛋，不掉任何蛋殼。

　　最近抵達大城市，他老愛觀察正在興建中的房子，常常說：「爸爸！我長大要蓋很大的房子，要用很多的磚塊，很多的水泥，還要有煙囪，要有三個房間，一個給我住、一個給隊員（小聿）、一個給多多。」

中東、北非歷險去

環遊世界，一路披荊斬棘，也一路繁花盛開。

阿曼、埃及、以色列、巴勒斯坦

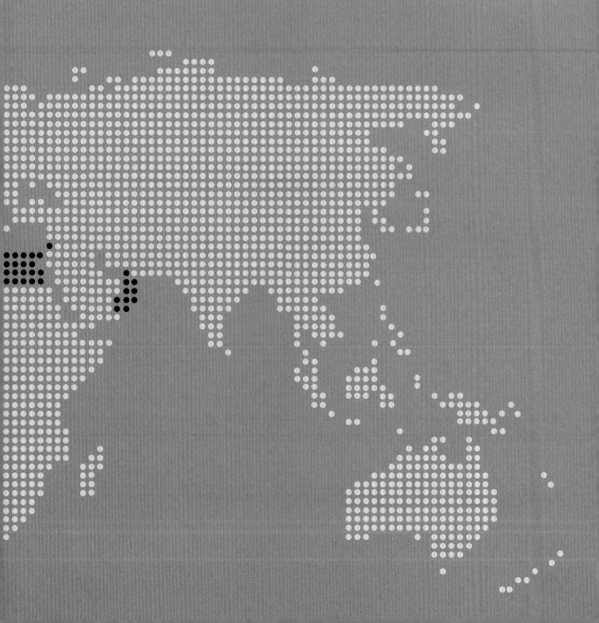

DAY
100

印度→阿曼

再見印度，前進阿曼

告別了印度，前進下一個國家，阿曼（Oman）。

我們從孟買搭機，航班是晚間十點起飛，約三個小時的飛行，抵達位於阿拉伯半島的阿曼－馬斯喀特（Muscat），當地時間約晚上十一點多，三個小孩保持著一貫的良好習慣，上機看看安全宣導單，吃喝點小東西，一起飛就睡著了，但下機時三個都還睡著，就有點困擾了。

玉婷身上已經抱著小羽了，小聿也吵著要媽媽抱，這時小多已經醒來在扭動了，小羽也睜開眼睛發著呆，看著三個思睡的孩子，玉婷先放下小羽，蹲下抱起小聿，再讓小羽攀上她的背，就這樣，前面抱一個，後面揹一個，一步一步的往前走。

為母則強不是假話

其實玉婷有先天性心臟病，國中發作過發現有問題之後，就從來沒有上過體育課，也沒參加過升旗典禮，身體狀況並不是太好，也比較容易感冒生病，這幾十年來她注重作息、飲食均衡、心情愉快，身體的狀態調養得還算不錯，幾乎沒再發病過，加上她個性剛強，背包旅行時獨立又可靠，很多時候我都會忘記，其實她是一個女人，甚至並不那麼健康。她體重 50 公斤，小羽加小聿體重逼近 40 公斤，半夜一點多加上飛行的時差，她沒喊累，為母則強這四個字真的不是說假的，也真的覺得有媽的孩子像個寶。

每當入境一個國家，我們的標準流程大概都是，通關、領錢、買電話卡，找住宿以及盤算該選擇哪種交通工具。領好錢、買好電話卡，等開通的時間，我們討論著是要搭貴得要死的計程車，還是直接租車。趁開通電話卡時，問問租車的

價格，1,500cc 左右的小車，租一週的優惠大約一天 1,000 元台幣左右，一天里程限制兩百里（可累積），超過要加價，不過由於我們第一天沒有安排任何行程，打算好好休息整頓，並不會用到車子，加上抵達當地也已經很晚了，最後決定搭計程車到住宿的地方，十分鐘的車程，花掉了約 700 元台幣。

這裡是左駕，深夜的快速道路說不上來為什麼，跟台灣有點相似，我們在聊著，這樣國家跟國家之間慢慢移動，除了飛行時間短，小孩比較不會累，而且根本無痛時差，一次減少兩個小時，現在跟台灣相差四個小時，但完全沒有適應的問題。

休息了一天，也順利地租到車子。民宿的主人是一位喜愛旅行的醫師，推薦我們到 Qantab beach 玩，車程約四十分鐘。高速公路沿途都是沙漠，有些小城鎮或者休息站會看到大型的購物中心，我們隨意地買了一些麵包果汁上路，抵達了一個海邊的小村莊，我們旅程看過許多的大海沙灘，但這裡不同的是，大多國家的海灣邊是高山綠景，或是民宿飯店等觀光商業感覺，但 Qantab beach 兩旁的景致是荒漠峭壁，周圍是土色的兩層小屋，屋子很有中東風情，

小陽台上色彩繽紛的小花，很是特別。

　　玩沙踏浪後想上廁所，我們去問了當地民宅。只見一條約六公尺寬的巷子，有一群圍著頭巾的婆婆媽媽帶著孩子在此，鋪著大大的地毯就地而坐，大家聊天吃東西，孩子在旁邊跑來跑去，完全地擋住了整個巷道的出入，看到我們外國臉孔，很熱情的招呼我們一起坐下，但她們不懂英文，我們也不會說阿拉伯話，大家比手畫腳，也是聊得很開心，小孩也自然的一起吃餅乾玩在一起。沒想到借個廁所，有了一段意外的小插曲。

　　在送走夕陽後，我們便驅車回家，路上遇到麥當勞，順道收集了兒童餐玩具後，又是心裡收穫滿滿的一天。

旅行小筆記　by啟文

阿曼落地簽費用：10天內，每人阿曼幣里歐5元，也可以直接付美金15元。

阿曼提款機：提款上限600里歐，約台幣5萬多元。

計程車：起跳不含基本里程就要約台幣500多元。

阿曼／尼日瓦

一家人，一台車，
自駕的浪漫與美好

此刻，阿曼時間深夜一點多，外面的世界一片寧靜，半點聲音都沒有，只有不斷從窗外襲來的刺骨寒風，還有一點點的孤寂感。大家都睡了，我一個人開著印度買的小燈坐在窗邊，想把在阿曼結識的民宿主人們的故事記錄下來。

我們現在在阿曼的內陸城市，尼日瓦（Nizwa），從馬斯克特開車過來大概是一百四十公里，慢慢地開大概開了快兩個小時。在阿曼租車自駕難度不高，因為跟台灣一樣左駕靠右，所以很快可以進入狀況。會來尼日瓦，純粹是因為上一個 B&B 主人的家鄉就在這，他說這邊很棒，所以我們就來了。

專屬的移動城堡

從首都馬斯克特開過來的路上一整路幾乎都是沙漠，還有被岩石堆積的山丘，加上房子的顏色都是灰白色系，整個畫面可說是單調的，雖然說是單調，但對於我們來說，中東的一切特色都是驚喜。在這樣子的國家開車很舒服，偶爾會出現類似阿拉丁宮殿的建築，我們就會一起歡呼，真的好棒喔！想來中東很久了，終於實現了這個願望，還是一家五口一起來，值得慶祝。

一家五口出門，自駕果然真的很適合我們，因為行李都在車上，少了移動和找住宿的壓力，孩子們不用一直走路，累了就在車上睡覺，精力旺盛就在車上打鬧玩耍。這就是我們的移動堡壘，從孩子的眼中我看到了他們的滿足。

小羽甚至還開心地問說：「爸爸，我們今天可以睡車上嗎？」

我們抵達尼日瓦後，快速的預訂好近郊的住宿，晚餐就在公路旁的一間餐廳解決，看起來滿荒涼的地區，放眼所及也就兩間餐廳。座位是露天的，還擺了一台大電視，播放的是足球賽。我們點了中東式的雞肉捲餅和炒飯，在星空下的涼風裡，跟當地人一起看著球賽，孩子們看到進球也會歡呼，看來此行，他們默默地跟足球也結下了小小的緣分呢。

今晚我們住在沙漠旁，這裡真的真的好舒服，可以自由自在的旅行好幸福。

旅行小日記 by 玉婷

一百多個旅行的日子，其實都是那麼平凡，都像是隨意的到處走走，常常有人問我們計畫，但除了一個大概的方向，我們只有直覺而已，如果今天想去哪裡，那就去吧，不想出門，就懶懶散散吧，為什麼人生，或者旅途，只能有計畫這種選擇呢？

你說不小心把環遊世界的期限打成 20117 了，我笑說算了吧別改了，想起周星馳的電影，如果要在感情加上期限，希望是一萬年，而我們，假如還有一萬多年能夠一起遠行，是不是一種天馬行空的浪漫呢？

阿曼的移動日──人文風景

　　充滿市場乾貨味道的老舊電梯，「機乖機乖」的把我們送上三樓，這是我
們在開了兩百公里後，來到蘇哈爾（Sohar）住的旅館。一個晚上 18 里歐（約
1,500 台幣），比附近平均 30 里歐以上的飯店便宜許多，但也相對不靠近市區，
而且因為飯店在高速公路旁邊，交流道沒那麼好下，非常的難到，就在公路旁
來來回回走了好幾次，偏偏萬能的 google map 尚未更新最新的地圖，最後還
是靠著跟著當地人，在一個很難相信有路的地方下高速公路。只能說在這邊開
車開久了，也就越來越大膽了。

我們 Check-in 旅館時已經是晚上十點多了，旅館人員説我可以隔天下午三點再退房。當時心想，拜託，出來旅行誰會真的三點才退房呢？退房後不就不用跑行程要去下一間旅館了？誰知道隔了一天，我們真的待到三點多才退房。

　　當天中午，我們倒是有了一頓美好的中東美食經驗。全家人享用了一道羊肉加燉飯，有半隻的烤羊腿，羊腿的大小大概就跟全雞一樣吧，一家五個人一起吃剛剛好。羊腿肉一切就骨肉分離，咬下去肉汁會溢出來，香料的味道跟淡淡的羊騷味搭配得恰到好處，配上相同調味的燉飯，真的是令人驚豔的美味佳肴，這一餐中東美食，大滿足。

下一個行程？哪裡都可以

　　我們在這裡的行程，只要趕得及搭機就好，因此沒特別計畫，這一趟全家出門的旅行，本來就是隨性而至的。本來看到山上有個阿拉伯帳篷的營地列入考慮中，但是看了評價之後幾乎都説要四輪驅動才上得去，我們租的車只是一般的轎車，只好忍痛作罷。那麼就按照之前盤算的前往海邊附近的動物園吧！但是，必須從內陸移動到海邊，這一路大概二百公里，説遠不遠，説近不近，也有點猶豫。

　　退房時，隨口問了櫃台這邊哪裡可以去？剛好有幾個計程車司機在櫃台聊天，他們很熱情的説：「Follow me」他們要我開車跟著，於是我就一路跟著。真是善心人士，這感覺就像在台灣問路，很大機率會有好心人，幫忙引導到達

目的地。

　　於是下午三點多，我們來到 Ibri Fort，天氣很熱，城堡門沒開，但是仍然可以從外觀一窺古堡樣貌，在外面拍拍照足矣！這是非常古老的城堡，但阿曼的景點多是古堡或是清真寺，看久了會覺得都很相似，老實說附近的老建築可能更有中東味道，離開城堡之後，我們便前往今天的目的地蘇哈爾展開長途移動了。

　　一路上幾乎都是沙漠地形，有時候是高山沙漠，有時候是平地沙漠，在這邊開車非常的刺激，路上的風景雖然沒什麼色彩，但黃昏時刻的曠野大火球配上燒雲，是一種寧靜而震撼的美麗。我非常喜歡在這樣子的公路行駛，雖然時速限制一百公里，但是空曠的感覺真的很舒服，特別是孩子睡著後，只剩下我們兩個人聊天的時光。

　　傍晚，孩子睡醒肚子餓了，我們就在距離蘇哈爾還有五十公里左右的公路旁無菜單小餐廳停下來，買個東西吃。遇到了幾個熱情的中東男子，看著我們東方臉孔，又帶著三個孩子相當好奇，打招呼外還不斷的聊天問問題，後來甚

至還請人家買了一整袋的零食果汁送給孩子，小羽小聿看到好開心，一直歡呼，還跑去跟人家握手。在異鄉受到這樣子陌生人送給孩子小小的心意，還滿開心的，人間自有真情在。

旅行過眼的景色或許重要，但人情味濃厚的某些片刻，格外令人珍惜。

我們繼續往蘇哈爾行駛，一路大多是直線，偶爾會有大轉彎或是上下坡，因為沒有路燈，頭上那片燦爛星空著實令人永生難忘。

孩子們看著窗外大聲歡呼好漂亮、好多星星阿！那真的是滿天的星斗，銀河彷彿就在眼前。我索性在沙漠中找了安全的路邊空地停了下來，將車子熄火，天窗打開，我們一家人安靜地看著美麗的星空，享受這趟旅途的感動，在辛苦的移動日中得到了深沉的休息。

雖然開了一整天的車，但是並不會覺得累，反而覺得興奮，也可能因為全家的行李都在車上，少了移動和找住宿的壓力，需要走的路比較少，相對就不會那麼累。

這就是我們的移動堡壘，從孩子的眼中，我看到了他們的滿足。

埃及／開羅

埃及的聖誕節

十二月的埃及已經是冬季，中午約 20 度，夜裡溫度下降，看了一下手機溫度顯示 10 度，孩子們睡了以後，煮了泰式酸辣麵當宵夜，我們夫妻一起看電影《出埃及記》，一邊處理好一顆明天要料理的超大花椰菜。在當地看當地相關的影片，一直是我們的小確幸。帶著孩子旅行，兩個人能夠靜靜的相處的時間並不多，即使喧囂也是一直在一起。獨處或有著孩子們的熱熱鬧鬧，說不上喜歡哪一個，都是生活的面貌。

今天醒來，還是忍不住叨唸了一句：「天啊！也太冷了」。這時，聽到小孩咳了兩聲，我們如臨大敵，趕緊開了爐火隔水加熱牛奶，烤份全麥吐司，這時候就覺得有廚房的住宿真的很棒。心裡忍不住慶幸著幾天前離開阿曼前的補給時，買了巧克力醬。這種天氣，沒有什麼比得上一口甜甜熱熱來得療癒。

旅行小日記 Ⓑⱽ玉婷

有你之後的每個聖誕節，都去差不多的地方，吃差不多的東西。這幾年這樣也許有點平淡，生活偶有風雨。但我們之間的回憶，好像潺潺的河，一路緩緩，向著大海。在藍和更藍之間，那裡有漩渦和深淵，但更多時候，我們感受到的是開闊的、無盡的自由，還有寧靜美好。

雖然寫得太浪漫，就顯得不真實，不過環遊世界本來就不真實，而我們已在路上了。

　　小聿最早睡，也最早醒，早上八點多就起床，一溜下床就跑到廚房裡陪著我，邊吃邊跟我聊天，伴隨著隔壁鄰居退房的寒暄告別聲。我開房間門想查看一下，小多也醒了，啟文已經抱著他窩在被窩裡賴床，小羽喃喃的說：「媽咪幫我準備早餐，我再睡一下下。」

　　早晨的溫度不到 10 度，賴床理所當然。所有的賴床，在旅途間都能得到最大的包容，我們不趕時間，行程什麼的都是浮雲。

　　小多下床後，開始在房子裡走來走去，今天就懶散一會，打開筆電讓孩子們看巧虎，把衣服丟到洗衣機洗，終於不用手洗衣服，還有烘衣功能，在這麼冷的天是一種安慰，接著轉進廚房，午餐，就煮一鍋熱湯大家一起吃。

DAY
111

埃及／開羅

超ㄎㄧㄤ的尼羅河遊河行

　　開羅的氣溫實在太冷了，目前感覺到的溫度大約 10 度左右，待了四天平均 15 度以下的溫度，我們可是生活在高雄的人，這樣的溫度讓人有點受不了了。孩子們開始出現流鼻水症狀，小多的臉頰則有些微凍傷樣紅通通的，可愛是可愛，但看了心疼。

　　昨天搬來世界知名的埃及博物館旁的一棟大樓，住在 15 樓，房間三面採光，剛好是面對博物館及尼羅河，與希爾頓飯店（Hilton Hotel）的景觀是一樣

的，CP 值很高。但是，電梯令人感到驚嚇，沒有門，還會發出「機乖機乖」
的聲響，但為了尼羅河景觀，我們還是住了。

這裡的景觀真的沒話説，開羅市區的市容可以看得很清楚，白天沒什麼顏
色，整個城市看起來灰灰舊舊的，到了夜裡亮燈之後就令人驚艷了，看完會覺
得高雄或台北也還不錯啊！

出太陽了，遊河去

今天一早起床，看著陽光灑進房間，好一個難得的陽光日！我們已經度過好
幾天就連中午都覺得好冷的灰暗陰天，看見陽光當然要把握好天氣，出門去！

由於埃及博物館昨晚參觀過了，本來心想著：「這麼世界級厲害的博物館，
可以安排看兩次」。但後來想想有看到圖坦卡門的黃金面具跟超豐富的古文物，
震撼歸震撼，若沒有特別的時間，也不好意思一直打擾三、四千年前的祖先們，
所以我們今天選擇去了尼羅河。

一樣順著河流東岸前行，帶著昨天吃不完的肯德基，在河畔找個曬得到太
陽的地方坐了下來，把肉剝下來餵給一旁的野貓。孩子們現在也懂得分享，從
分享之中發現喜悦。我們開玩笑的説：「你們很奇怪，來尼羅河不好好看河水，
卻一直在跟貓玩！」這種小小的有趣片刻，真令人著迷。

尼羅河沿岸有許多經營遊河行程的船家，我們一家人包船遊河，開價 200
埃磅，最後 120 埃磅（約 200 元台幣）成交，感覺很划算，跟著船家走了一
段路去搭船。船呢，就是簡單的馬達船，大概可以搭乘二十個人左右。等到我

們一家人都已經就定位了，只見船家幾個人似乎在吵架，沒有人願意開船，等啊～等啊～等啊～等過了二十分鐘，我去問了一下，終於有動作了。他們拿繩子要去啟動馬達，搞了老半天，無法發動，看著他們一個輪一個，弄了十分鐘，終於發動了。

好，可以出航了，真開心，孩子們也蹦蹦跳跳地歡呼。

誰知道出去不到一分鐘，熄火了！

沒錯，我們的船在尼羅河中央熄火了

眼看著船家還是努力去拉繩子啟動馬達，而我們則順著尼羅河的水流往下漂走。另外一邊碼頭有艘船開過來協助，兩艘船綁在一起，兩邊的人輪流拉繩子，就是無法啟動。就這樣過了二十分鐘。我心裡納悶著：「這艘船不行，就讓我們搭另一艘就好啦，為什麼一定要處裡它呢？」

這二十分鐘裡，我們不斷在原地繞圈圈，在岸上看的人一定覺得很奇怪，兩艘綁在一起的船不斷原地打轉，是繞幾點的啊？心裡忍不住出現，「我花錢來是看你們一直發動的嗎？」這種聲音。

雖然內心的獨白很多，不過我們倒是沒有打擾他們就是了。最後終於弄好了，我差不多暈船了、孩子也睡著了。「什麼無聊的尼羅河遊船啊？」心裡吶喊著。冷得要死，在這繞圈圈，最後也是隨便開個幾百公尺，然後問我：「可以結束了嗎？」我X！我看你弄了老半天，然後船開不到三十分鐘，還好意思問我可以結束了嗎？真的是好氣又好笑！

不過其實也沒啥好看，天氣又冷，所以就繼續凹個十分鐘的遊河就回去了。

真的是很鳥的遊河啊！話說回來，沒有期待，就不怕受傷害，所以除了覺得莫名其妙以外，也沒啥感觸了，旅行中常常會發生一堆奇奇怪怪的事情，想像跟現實經常是有落差的，習慣就好。

還好有超美味的地瓜

下船以後肚子很餓，就到對面的市集看看有沒有餐廳，這個市集看起來是個布料、地毯及衣服的市集，老婆趁機幫孩子買衣服準備換季，肚子很餓的我，看到熱騰騰的烤地瓜，便去買了兩個大地瓜，台幣不到10元，真的有夠便宜的。一份一下子就吃光了，前前後後買了三、四次。小羽最後還說：「爸爸，如果小朋友喜歡吃地瓜，你要買給小朋友喔～」

這市集沒什麼吃的，除了烤地瓜之外就是一個義大利麵的攤位。坦白說，埃及的美食要說特色，這樣子的紅醬義大利麵加油蔥酥算是滿地道的，大碗5埃鎊（不到10元台幣），真的是「俗勾大碗」。我們狠狠的吃了兩碗，再來第二碗時，還請店家放了三倍的油蔥酥，因為油蔥酥很台灣味啊！

明天就是跨年日，我們要前往吉薩（Giza），開始另一段旅程。希望美麗的金字塔，能夠帶給我們美好的心情與來年的幸福。

DAY
113

埃及／吉薩

新的一年，我們在埃及

昨夜，我們度過了一個美好、難忘的金字塔跨年，看到意料之外的燦爛煙火，在近四千五百年的古夫金字塔及人面獅身像的見證下，跨入了一個新的年度，有了新的希望。我無法用言語形容內心的激動，在三十歲前，我們完成了好多曾經的「夢想」，甚至是一些從前想都不敢想的事情。走在偉大的夢想航道，驚喜常常是來得是如此優雅，彷彿是上天為你準備好的。

曼菲斯博物館拉美西斯二世像

　　來埃及之前，我跟大家一樣，把金字塔當作畢生重要的目的或是夢想之一，記憶中他是那樣的壯觀，歷史又是多麼的古老與神祕。聳立在撒哈拉沙漠與開羅市的交界，強烈的對比美感，讓人心生嚮往。

金字塔的夢想與真實

　　不過坦白說，看著這些，你也許覺得很美，但說穿了，那金字塔看過去，也不過是一堆石頭堆疊而成的墳墓；埃及博物館，也不過是去看一堆棺木與陪葬品，開羅市區很多地方跟印度有著差不多的混亂與尿騷味，尼羅河也不是幻想中的清澈與浪漫。許多的憧憬或許來自於一些誤會與不了解，也許真正走一趟之後，會發現並非印象中那樣美好。

　　還有大家口中所說震撼的的金字塔夜晚聲光秀，看著夜晚七點前一大堆小巴士趕過來，喇叭聲四起，眾多旅客死命往前衝，然而聲光啟動，旁白低沉的開始訴說著金字塔的故事，這場秀還沒結束時，停車場本來停了約五十輛的小巴、大巴，瞬間全清空！是不是有看了聲光秀就說來過埃及看過秀了呢？

　　我們所看到的和想像中大不相同那一面，現在你也知道了，能因此就不來嗎？不！當然不行！因為旅行總能帶來一些啟發，每個人的感受也都會不同。

我們住這裡

衛報旅館Guardian Guest House

地址：1 Abou al hool street, Giza, Egypt,
　　　Nazlet el Samman 12561

電話：+20-122-543-6309

但我們認為生命中有些東西或許看起來不是那樣美好，比起這些世界奇景，更值得我們去追求。

　　我們就住在金字塔群與傳說中的人面獅身像前的旅館，只距離一百公尺左右，那英姿煥發的人面獅身像，就正對著我們的房間，看著我睡覺、起床、發呆，當然也包括此時此刻。世界奇景，對於我們來說是唾手可得，只要打開窗，就看見奇蹟。如同當年我們在印度泰姬瑪哈陵前的早餐一般，覺得很神奇。但一回頭，還得繼續追我的孩子、繼續幫他擦屁股、準備吃的、哄他們睡覺……

世界奇觀前的思考

　　我們常在想，如果孩子沒有教育好，未來走偏了，是不是這一段旅程就白費了？我們夫妻倆花了這麼多時間與金錢，就是希望帶著孩子看世界，並且透過長時間的緊密生活，奠定他的價值觀根基。

　　身為父母難免都會為了孩子的未來擔心，雖然我們常說：「我們賴家的小孩，隨便丟到街頭都會自己長大」，但，總是希望他們能夠幸福開心的過好每一天。

　　新的一年，在金字塔旁，想得很多，幸好旅途很長，我們可以慢慢思考。

開羅→盧克索

自駕上癮了，埃及挑戰篇！

今天又陷入了旅途中，留下或是前進的抉擇漩渦。儘管金字塔景觀第一排的飯店讓人不捨，雖然玉婷身體微恙，但為了整個埃及的行程，還是繼續前行，前往亞斯文（Aswan）。不過，從開羅到亞斯文的臥鋪火車票極貴，一個人要價80美金，四歲以上的小孩子還要70美金，我們一家人搭一趟火車，必須花費230美金，（約7,000台幣），過一晚實在是很貴，再加上回程預算就爆了，所以最後我們還是決定要租車自駕。然而多方搜尋，得到的回答都是：「交通很恐怖」、「沒有任何的規則」、「瘋狂司機」、「老怪物車一堆」、「每台車幾乎都是刮痕」之類的。幾乎沒有任何人建議在埃及自駕，但是總得有人嘗試吧！所以，我們來到了市區，租了車，準備上路！

在開羅告別了我們的中國南方民宿主人，好客、可愛的她深受孩子喜歡，我們搭 Uber 到 City star mall 拿車，Renault Logan 是我們未來十一天的好夥伴，看到車子的時候好興奮，根本新車！座位跟行李箱超大，頓時覺得花時間把畢生所學的英文拿來跟業務交涉是很值得的！

吃了飯打包一份餐點儲備，傍晚出發，把背包拿來塞在後座的腳踏位置，鋪上睡袋，孩子們能睡的空間變得很大，一下子就進入夢鄉，玉婷看著導航，為開車的我引路。

開羅的交通是出名的驚人，這裡每個人都不看燈號，一離開停車場我們想

停紅燈之後右轉，後面一直閃大燈按喇叭叫我們趕快走！順利的在擁擠的車陣中上了離開開羅的高速公路，果然一下子舒服起來，車子變得很少，沙漠公路的路況也比想像中的好，只是整路都有人逼車閃燈超車就是了，這裡的交通之所以混亂，看來關鍵是速度，感覺大家都很趕時間啊！

七百公里長征好愜意

　　筆直的路，兩旁聳立著垂直的岩壁，或者荒沙，滿天的星星伴著我們的旅途，跟阿曼不同的是，沒地方讓我們停下來好好的看星星，但速度放慢一點，跟在大貨車後面，我們夫妻倆還可以一邊天南地北的聊，看著點點星光，還是覺得很棒，誤打誤撞，卻每每覺得一切都會有最好的安排。

　　本來只預計開到一百五十公里外的城市，再慢慢拉車到亞斯文，但沒想到我的精神狀態還有路況都好，一路開了七百多公里，比我們預計的快了兩天抵達中繼點盧克索（Luxor）。開夜車雖然疲憊一些，但因此省了一晚的住宿，所以提議今天住好一點吧！找到了一個訂房網站中評價超高，價格非常親切的五星飯店 Jolie ville，就位在 Kings Island Luxor。

　　抵達的時候清晨五點，本來預計等到可以入房的時間，便在車上休息，沒想到一下子櫃台人員追來停車場，說可以馬上入房，也不加收費用，讓服務人員開高爾夫球車來接我們跟行李，真是感動。來到了我們的別墅，還送來了嬰兒床，暖氣一開，門外 5 度的低溫瞬間與我們無關，整夜的風塵僕僕，也一併關在門外，小孩因為入住移動半夢半醒的，我泡了熱茶，熱了前一天晚餐時多打包的餐盒，配上海苔肉鬆，一家五口都吃飽飽的，洗澡刷牙，讓大家再次的入睡。

　　辛苦有時，省錢有時，但也有這樣花小小的錢得到大大滿足的時候，小多在旅程中首次有自己的床可以入睡，好好的休息，享受 100 多天以來的第一次五星飯店吧！

我們住這裡
盧克索國王島朱莉維爾酒店Maritim Jolie Ville Kings Island Luxor
地址：Kings Island,Luxor,Egypt
電話：+20-95-227-4855

DAY 119

埃及╱亞斯文

軍警護送的阿布辛貝神殿之行

半夜三點鐘,手機鬧鐘鈴聲響了,該起床了。這是旅行四個月來最早起床的一次,為了阿布辛貝神殿(Abu Simbel)。

為了這麼早的行程,前一晚我們可是都把該準備的東西準備好了,包括早餐、水、衣服等等,出門時還隨手包了一個睡袋帶上。為了美麗的景色,一定要付出一些代價的啊!更何況阿布辛貝神殿是此行很重要的目的之一,為了它,我們可是開了一千公里的車從開羅來到亞斯文呢!

暗夜登船出發

很難忘記這個夜晚,我們在寒風中蜷縮著,三個孩子們為了溫暖一點都往媽咪身上擠,我則是坐在他們前面擋風,冷風中,和家人在一起的另類尼羅河夜遊,也很美麗。十幾分鐘過去,我們到了碼頭,還要等小巴士來接。孩子們好冷,直問車子要來了沒有?我們也是,但只能盡量給孩子溫暖。等待的二十分鐘內,就算寒風刺骨,還是能感覺到一家人團結面對壓力的溫暖。另外民宿主人的真情,也讓我念念不忘,他應該也六十歲了,這麼晚還陪我們搭船、送我們上車。

車行間幾乎整車的人幾乎都在睡覺,我看著窗外隱約感覺到經過了亞斯文大壩,不久便停在一個哨口前。有許多小巴士及車輛在這裡集合。這應該就是要等所有車輛集合,讓軍警開道護送的路段了吧!因為幾年前在前往阿布辛貝的路途中,有旅客遭受到機槍掃射攻擊,造成七十人左右死亡,是非常嚴重的攻擊事件,於是有了一律軍警護送的規定。

最後在早上七點半,我們抵達了阿布辛貝神殿。

阿布辛貝神殿就是拉美西斯二世(Ramesses II)的神殿,來埃及有兩位法老不得不認識,其一是

圖坦卡門（Tutankhamun），其二是拉美西斯二世。拉美西斯二世是在位最久的法老，享年九十一歲，史料形容他是英勇好戰的，在位期間是埃及新王國最後的強盛年代。同時他也非常好大喜功，覺得自己是神，所以建造了許多神殿，裡面很多都是他自己的雕像。

看到神殿外觀的第一眼覺得很震撼，這麼高聳的雕像在自己面前佇立著。這就是許多人來埃及必看的景點，跟吉薩的金字塔齊名。三千多年的神殿，能不來看嗎？柬埔寨的吳哥窟也才一千多年啊！

神殿前的早餐

帶孩子旅行，不同於一般觀光客可以快速地一直拍照、一直走。我們做的第一件事就是找了個位置坐下來，吃早餐啊！大家都餓了嘛！在三千多年歷史的神殿前面吃麵包和草莓，是非常幸福的一件事情。慢慢地欣賞也是一種情調，我們用最適合自己的步調來走，學習享受、享受學習。

神殿逛兩個小時，說實在有點不夠用，其實如果不做功課，走馬看花的可能半小時就看完了，但是這麼遠一趟來，怎麼可以隨便看看呢？我們特地看了很多拉美西斯二世的介紹與生平事蹟，然後一起進入神殿時，盡量的生動活潑

講給小孩聽，建築、雕像、壁畫、光影、地形，我們並不是希望小孩能變成小天才之類的，而是因為學習很好玩啊！那些古老的智慧，那麼壯闊而且精緻，能夠這麼近距離的呈現在我們眼前，我想知道更多，小孩也覺得有趣！

太陽從東方升起，陽光穿越神殿的入口，灑落在高大的拉美西斯神像柱上，兩旁則是拉美西斯征戰的壁雕畫，雕刻的都是他戰鬥的故事，他是神，站在戰馬車上面射弓箭，其他的士兵都在他身後，象徵著保護國家人民。高聳的天花板還有老鷹及大大的翅膀，象徵著老鷹守護著法老，保護他，讓他無畏。

但講了戰爭，也必須跟孩子説：「殺戮不是唯一，戰爭會帶來很多的傷亡及文明的退步，重要的是和平，他的偉大並不是好戰，而是跟西台人簽署了和平協議，帶來國家的興盛與安樂，同時他也讓摩西解放了猶太人啊！」我們邊走邊聊，説了好多好多。

來一趟埃及，了解了太多的古埃及故事，非常的充實。開始覺得一個月太短了呢！結束了短短兩小時的「神遊」，雖然沒辦法全然了解，但絕對不虛此行。接著我們又上了車，繼續昏睡著回到了亞斯文市區。

埃及／盧克索

前進帝王谷，探訪世界十大寶藏之首圖坦卡門

　　黃沙峻嶺圍繞，巨石塵土相伴，寸草不生，我們一家五口，在帝王谷。

　　帝王谷位於尼羅河西岸，山谷中總共有六十幾座帝王陵墓，大約都位於西元前一百多年，至今有三千多年的歷史，非常的久遠。

　　走過開羅的吉薩金字塔之後，也想到南部的金字塔看看，印象中埃及法老死去之後都是放在金字塔裡面的，但來了盧克索之後，大大推翻了我的既定印象。埃及中王朝以後就已經不蓋金字塔了，取而代之的是找一個天然的山谷，在山谷之間找一個好地點挖掘地道或是開山，來作為法老過世之後等待復活的陵墓，我們熟知的圖坦卡門就位於這帝王谷之中。

　　埃及古代法老修建陵墓是由於他們重視死亡，死亡後為了要復活，為此必須要找一個隱蔽且不被打擾的地方當作陵墓。所以能夠看到很多是挖了地道，或是隱藏在山壁裡面的墓室。我們選了拉美西斯四世、KV14 的陶斯日特及斯特納哈特陵墓、KV8 門皮塔和陵墓，及圖坦卡門，總共四個陵墓。

古老文化讓人好震撼

　　拉美西斯四世是帝王谷中的重要陵墓，我們對於牆壁上的浮雕有興趣，研究了很久。KV14 陶斯日特陵墓是帝王谷中最大的陵墓，內部總共有兩個墓室，裡面的繪圖非常精彩，往回走的時候，有種像是在冒險以及奪寶的感覺。KV8 門皮塔和的陵墓內部，位於非常低窪的位置，必須走入很地底的地方，最下面空氣稀薄有點悶，小孩子很喜歡挖地道，剛好讓他們體驗進入地穴的感覺。

　　最後是圖坦卡門的陵墓，這是世界十大寶藏之首，世界上應該沒有人不知道這位古埃及新王國時期十八王朝的年輕法老，八歲登基，十八歲就過世。圖坦卡門陵墓一直到 1922 年才被英國考古學家卡特找到，是埃及考古歷史中挖掘得最完整的帝王陵墓，光是出土文物就超過一萬件，花了三年才把文物全部運出。

我們努力看了許多資料、影片。把英國 BBC 製作的《埃及迷城》看過好幾遍,從如何找墓道成功開挖,每一個片段我都記得。當然還有最特別的就是,他本人的木乃伊還在墓室之中,是可以親眼看到的。

我們進入門口之後,有個通往地底的階梯,大概有三十幾階,走到底之後,會看到儲藏室,右邊本來通往墓室的牆已經被打開了,石棺就停放在那邊,裡面可以看到木頭鍍金的棺木。經典的法老雙手交叉,手握曲杖及連枷象徵統治上下埃及的王權,這經典的姿勢看過的人一定不會忘記。牆上的浮雕也都是純金的,雖然小,但是非常的美。

我緩緩的走向圖坦卡門,他的木乃伊被放在一個玻璃櫃內封存,身上的繃帶已經沒有了,身體部分蓋了白布,但頭跟腳的地方是露出來的,可以清晰的看出五官以及腳趾頭,身形看起來很瘦弱。我問了一旁的守墓者他的身高,得到的答案是 160 公分高。由於埃及被各國設為旅遊警示區的關係,遊客很少,觀光團幾乎不進來這個墓室,所以我得以享受一個人在墓室中與圖坦卡門相處的機會,其實,也不是一個人啦!小多被我抱著。守墓者本來陪我,後來他看我一個人呆呆地站在法老前面,就先上去了,所以我是單獨在裡面的。

帝王谷不能拍照,就看看我吧!我在哈姬蘇女王神殿(Mortuary Temple of Hatshepsut)前喔!

法老王其實不好當

　　我腦海中想的卻是他八歲的小孩子，還沒有享受到什麼童年，便當上了法老，娶了自己的姊姊，然後在十八歲真正掌權時，卻已經到了生命的盡頭。我想跟他講幾句話，但我不能打擾他，只能在心裡默默的呢喃。不知道他現在在哪裡？是否還認得清自己？還可以復活？當然在心裡我也感到哀傷，這些法老希望死後可以復活，為自己造了陵墓不希望被打擾，黃金棺、黃金面具、黃金墓室，最後一一被掀開，甚至現在連木乃伊跟棺材都分開的，在道德上面是不是有待討論之處？是否考古可以凌駕一切？

　　不過，帝王谷還是很值得花一整天的時間來走，每個墓室有其特別的地方，建議來這邊之前買本介紹的書，或去把《埃及迷城》看過幾遍，會更有深刻的印象。如果對於牆上的刻畫沒有概念，那麼看起來會覺得無趣，感覺就是一直看墓室。我們很幸運，自己來到了這邊，沒有導遊催促，沒有趕行程的壓力，得以慢慢地欣賞。

　　古代中國秦始皇追求長生不老，埃及法老追求復活，這個世界許多人都在追求永恆，但什麼是永恆不變的？皇陵？金字塔？還是人民獵奇的心？我想無論如何，我僅能盡量保持著良善的心，陪伴教育我的孩子，請他們保持著想要為這個世界多做點什麼的信念。也期許未來的世界與地球能夠永續，不被破壞。否則現在所看到的一切美，一切的古老，終將成為虛無。

　　人生重要成就經歷，埃及帝王谷，圖坦卡門木乃伊，達成。

墓園裡的圖坦卡門王座

旅行小日記 by 啟文

我們從底比斯搭船橫越尼羅河前往西岸，再從西岸搭計程車去帝王谷，船票每人 1 埃鎊，計程車包一整個下午，包含哈蘇姬神殿、曼儂神殿，總共 100 埃鎊。帝王谷的門票 100 鎊，每天開放的陵墓都不同，可選當天有開放的三座法老陵墓參觀，如果不知從何選起的可以請售票人員推薦，但可能會被收取小費，圖坦卡門陵墓的門票是另外買的，要價 100 埃鎊。需注意的是帝王谷是不允許拍照的，參觀過程把相機收起來好好感受吧。

埃及／沙姆沙伊赫

孩子說了算，探訪絕美海底世界

在沙姆沙伊赫（Sharm el-Sheikh）第五天，難纏的小聿病毒應該已經被消滅，感覺大家的感冒都好了。來這個紅海的度假勝地五天了，因為前幾天大家輪流感冒，還沒曬到幾次太陽呢，今天終於要迎向陽光了。

昨天傍晚小羽在飯店的行程諮詢櫃台看到了半潛艇的影片，被彩色的海底世界以及潛水艇外觀的半潛艇吸引，說著想要去搭半潛艇。

議價工夫全世界都通用

研究了一下，半潛艇一天有四班，最早是早上九點十五分，最晚下午一點半，我們一家人兩大三小，小孩子不用錢，總價1,160埃鎊（約台幣1,800元）。對我們來說所費不貲當然要談一下價錢，晚餐前談到1,000鎊，但我們並沒有答應，只說餐後給他答覆。我們在旅途中也很擅用工作上的議價功夫，這叫分次議價，對買方有利，後來用完餐後再去談，談到了900鎊成交。比對之前網路上的價錢資料，平常光是一個成人的價錢就要35歐元，小孩子也要10幾歐，更有人分享是每人65美金。這樣看來我們的報價是半價，且小孩不算錢了，非常的划算，不去搭怎行？

隔天早上十點半，吃完早餐後就在大廳等潛艇公司來接，還滿喜歡這樣子沒壓力的感覺。平常的行程都是我們自己跑，所以在出發前我都要自己想該怎

麼走，或是預先設想會遇到什麼問題之類的，而買行程的話基本上就是準備好享受囉。

　　從飯店到舊城區附近的碼頭大約是二十分鐘車程，還滿近的。途中景致非常荒涼，因為所有的商店幾乎都沒開或是殘破，不小心從口中脫口而出「這真是鬼城啊」。 但是，到了碼頭，發現這又是另外一區海灘，是條很美又乾淨的海岸線，周圍則是被高聳的岩礁包圍著，地理位置非常特殊。更棒的是還有一隻駱駝優雅地坐在沙灘上呢。

　　下了車，登記領了一張登船的通行證後，一邊欣賞美麗的海天美景，一邊坐著等船。在經歷痛苦的感冒之後出來玩耍真是不錯，有種重獲新生的感覺。

　　上碼頭登船了，沒想到一上甲板看還滿多人的，而且許多都是帶著小孩子的家庭。搭船加深海看魚一舉兩得，看來這種水上行程還滿受親子旅客歡迎的。

　　這個半潛艇甲板有椅子可以坐，航行一開始大家都在甲板上面吹風看海景，今天氣溫約 20 度左右，晴朗無雲，非常適合出海，可以看到清澈海水下面優游的魚兒，而當船進入珊瑚礁海域的時候，就會吆喝大家可以下去船艙的

位置了。

　　火箭形狀的半潛艇，船艙部分就是長長的走道，兩旁各有一整列的窗戶，看出去就是 Live 版的海底世界。紅海因為緯度的關係，非常適合珊瑚礁生存，所以這邊海底資源很豐富。

　　實際航行時間大概一個多小時，我們幾乎都待在船艙，這海底世界真的是太震撼了，比在海生館所看到的都來得真實與美麗，五顏六色的珊瑚礁是活的，幾百萬隻各種的魚穿梭其中，有彩色的，有大型也有小型，有些是群體活動的，有些是單槍匹馬的，當然還有那透明狀的水母，看得非常過癮。小孩子們目不轉睛盯著，船艙內也有解說員，解說著目前看到的魚是什麼魚種。

　　很難忘記所看到那像鋪了一整片地毯的珊瑚，還有那自由自在的美麗魚兒，難怪會有人特地跑來紅海潛水，因為可以看到這麼美麗的海底世界啊。看到這時不禁感嘆，台灣海域白化的那些珊瑚礁，真的是可惜了。

　　我們很慶幸參與這個行程，非常值得，建議大家參加。尤其是與孩子們一

起享受海底饗宴，一起驚嘆、一起探尋，很刻骨銘心的一段。與其讓他們看卡通，不如讓他們體驗大自然來得有意義啊。

補貨很重要

　　回程時，我們請司機讓我們在市中心的家樂福下車。因為明天就要搭車去塔巴（Taba），從塔巴走陸路進以色列，物價會翻好幾倍，想先把尿布以及一些糧食補齊。我們買了很多泡麵，百分之百純果汁，還有哈根達斯冰淇淋。在台灣哈根達斯 100g 的就要 100 元台幣左右了，這邊大概 40 元台幣，我們買了大盒的 500g，120 台幣左右，超便宜吃到飽。

　　明天要前進以色列了，之前跟飯店櫃台聊天時，提到我們要從塔巴進以色列，他們非常驚訝！還問我有沒有辦簽證之類的，我說台灣是不需要簽證的，他們覺得非常不可思議，但台灣確實免簽啊！

　　總之希望能夠一切順利，高物價的以色列我們要來囉～

以色列

DAY
134

被狙擊手瞄準的以色列入境驚魂

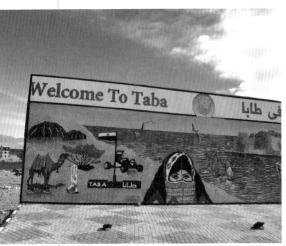

就要進以色列了，但要怎麼去心裡實在沒個底？之前跟德國朋友聊到，她前夫是埃及人，會走這條路進去以色列，看了地圖之後覺得很順，比起搭飛機也更便宜許多，所以最後我們還是選擇由此通關了。

網路上查到的資料非常少，有人寫沙姆沙伊赫公車每天只有一班前往邊境塔巴，時間是早上九點，但是去巴士公司 East Delta 網站查的結果，卻是早上八點跟晚上九點各一班。問了飯店人員，他們說早上九點，但也不是很確定，到底該信哪個？公車站在十五公里外，搭計程車出去又很貴，來回要花好幾百，不想特別跑去現場問！打了兩天電話去巴士公司，都沒有人接。雖然最後還是沒有個把握，但就早點去，如果是錯的頂多再等一個小時而已。

我們設定六點半起床，七點吃早餐，在七點半以前搭到計程車去巴士站。但前一晚整理行李及日記到二點才睡，早上七點才勉強起床，到退房都快七點半了，只好直接趕著去搭車，誰知道退房的時候因為毛巾卡少一張又被拖了一些時間，後來走出去搭計程車，司機又悠閒地跑去洗臉，出發都已經七點五十分。拜託，我們的車可能是八點發車耶！

司機問我幾點的巴士？我回答十分鐘之後，他聽到我說的話驚訝的再問一次！因為從飯店到車站十五公里，至少要十五分鐘。這幾乎是不可能的任務，於是他狂催油門，反正路上都沒車，但飆到一半他可能發現沒機會趕上，於是突發奇想的把我們載到沙姆沙伊赫出城的軍警檢查哨。他說所有出城入城的車輛都要經過這個哨口，更說：「We have no time」，讓我們在這裡攔那輛巴士。然後就把我們丟到軍警檢查哨的前面，這是沙漠旁的一個公路邊。

我們只是想問路

半小時過去，我決定向檢查哨那揹著步槍的警察，問問車班資訊。一個人步行過去，誰知道光走過去附近的軍人就開始出現，瞭望台跟另一邊屋頂制高點的狙擊手都站了起來，長槍紛紛舉起，都指向了我。只是想要問個巴士車班，沒有那麼恐怖吧？那個警察揮揮手示意我們離開，我們語言也不通，怕有什麼肢體語言誤會，只好雙手舉高，趕緊往後撤離。也因為走了這一趟，才發現簡單的哨口居然有這麼多埋伏。不過被槍瞄準在許多國家都有經驗了，把手舉高就好！

而等待的期間也有很多民車搖下車窗問我們要去哪裡？並示意可以載我們一趟，只可惜沒有要到塔巴的，我想應該也少，誰沒事去邊境呢？不然我們或

許有機會搭到便車呢。

車子有來嗎？有的！就在九點二十分左右，看來九點發車的訊息是真的了。我們上了車，一家五口買了四張票，花了 100 埃鎊。這班車是從沙姆沙伊赫發車，經過達哈布、紐維巴，再到塔巴，搭車的人不多，以當地人為主。途中只要進出城鎮的檢查哨都有軍警上車檢查護照，想睡覺都不能好好睡，不過為了安全也得配合。

一路上風光明媚，尤其是紐維巴到塔巴這一段海岸公路，那紅海的景觀真的非常壯麗，可惜大多的海岸度假村都荒廢了，只能說恐怖攻擊真的重創這裡的觀光，相對的紅海遙遙相望的阿拉伯及約旦的海岸看起來就熱鬧許多。

徒步走向邊境

下午一點多我們終於抵達塔巴，這個城市非常冷清，除了軍警，車站人員兩名，雜貨店老闆之外沒有看到其他居民。車站人員指示我們走一公里就可以到達邊境，這跟我在網路上看到的一樣，走路就可以到。車上大多的人下車就先去邊境了，我們一家五口必須先整理好行李，在附近商店補充點糧食，不然到以色列就貴了，弄一弄大約二十分鐘的時間才出發。

基本上就是沿著公路走，雖說一公里不遠，但是扛著行李、小孩走起來也累，玉婷又不知道哪根筋不對，看到一台貨卡經過就招手想搭便車，沒想到司機還真的同意了。只能說她搭便車的功力很強，在埃及也是 100% 的成功率，這輛貨卡把我們載到邊境前的檢查哨，又是一個好人啊！

從檢查哨步行到關口大約十分鐘，途中護照被檢查了好幾次，而埃及的離境稅是 2 埃鎊，他會給你一張類似郵票的東西，貼在出境卡上就可以了。這邊出境非常簡單，基本上就是過了檢查哨，行李 X 光之後到海關大樓，拿護照並

以色列物價有多貴

手機SIM卡30元（約250台幣），30天6GB網路39元（約350元台幣）共花了台幣約600多元。
埃及買的1公升可樂也才10元台幣，這邊500cc的可樂就要60幾元台幣。

寫好出境單找海關蓋章就可以往以色列方向行走了。

　　離開埃及海關大樓，經過一條路，走向以色列的海關。這是我第一次親眼看到以色列的國旗飄揚，內心無限激動，這個我們原本應該不會去的地方，沒想到要踏上了。一家五口通關總是備受矚目，但是總有許多人給予幫助。我們很順利地通過安檢，來到了護照管制海關櫃台。由於護照如果有以色列簽證的話有許多國家是不能去的，所以他們是另外給一張類似簽證的入境小卡，還滿特別的拿到入境卡片後，我們可以入境以色列啦！以色列海關是設在紅海旁邊，走路的時候會有錯覺身處在船上，因為右邊望去落地窗外是湛藍的紅海啊，超級美麗的。

　　從邊境要到埃拉特（Eilat）市區有公車可以搭，每半小時有一班，一個人車票 4 元以色列幣 (新謝克爾)。司機把我們放在巴士總站前，這附近有超多購物中心及飯店，我們找了間旅館先住上一晚。

　　紅海、死海、伯利恆、耶路撒冷、特拉維夫，我們來了！真是太興奮啦！

旅行小日記　ⓑⓨ玉婷

以色列半夜兩點半，聽著抒情歌，伴隨著敲打鍵盤的聲音，我們偶爾有一搭沒一搭的聊天，突然小聲的喊我過去看看，小聿小多又抱成一團，萌翻我們兩個傻爸媽的小宇宙。今晚的聊天內容大多圍繞著「安全」打轉，為了即將進入歐洲的偷搶拐騙花招，做點心理建設跟防範措施，順便稱讚一下過去走過的國家，雖不到夜不閉戶、路不拾遺，但也相差不遠，手機掉在印度，潘朵拉手鍊掉在埃及，最後都有找回來，不管是自己還是路上的旅人也沒碰上扒手搶劫。相較之下，歐洲許多大城市大景點，警察局報案的受害者可是要排隊的，「安全」的定義究竟是什麼呢？

我們在以色列，無與倫比的湛藍紅海，另一邊是沙漠戈壁，不管看了幾回，我仍為它驚呼，為它讚嘆！

旅行，是該小心，但也不能因此裹足不前。

以色列／埃拉特

DAY
136

好貴好貴的以色列

　　在以色列的第二天，起了個大早，因為住的旅館 Check-out 的時間是早上十點啊！！！

　　今天主要的目標就是移動，我們計畫要搭巴士去一探死海的風貌。昨天晚上先去巴士站詢問了車班，知道早上十點跟下午二點十五分各有一班車。我們不打算趕時間，盤算著退房後先把行李寄放，慢慢逛個市區，優閒吃個早餐，再搭下午的車離開。

　　沒想到完美的計畫，需要付出代價！寄放行李，需要收費 25 元以色列幣（約 210 元台幣）。聽到要收費，再重我也要扛著逛、扛著吃早餐啊！反正我們背包客，負重絕對沒問題，其實也考量到在高物價的以色列，能省則省啦！

本來我們也想要以色列自駕的,不過以新台幣換算,住宿每天平均要 3,000 元,租車每日 2,000 元,全家吃喝整天約 1,000 元,這樣下來一天的基本開銷就要 6,000 元了!所以我們決定把租車的錢省下來,盡量點對點,減少周邊移動。

所以,我們就背起背包逛大街去。

在以色列街頭或是巴士站常常看到許多的軍人,在以色列男女都要當兵,很多很漂亮的女兵,她們身上還揹著步槍,令人驚豔,聽說放假時自己的槍是要自己帶走的,實踐了槍不離身的宗旨。以色列真的是很有戰鬥氣息的國家,不管男女,有種隨時隨地都準備要作戰的感覺!

我們一家五口走在街上,其實也很醒目的,滿多當地人過來跟我們打招呼!萌多的魅力在以色列一樣是無法擋,而以色列人普遍對於台灣都有一定的認知,還有人來過台灣呢!

說實在,以色列的高物價對於剛走完印度及埃及的我們來說,還有點回不過神,平均物價都是台灣的兩、三倍以上,更是埃及的五倍到十倍,我們索性在街上吃吐司配著超市買的巧克力醬,曬曬太陽也是很棒的街頭饗宴。我們在埃拉特沒有多留,到超市買了點補給品,就準備前往死海(Dead Sea)!

　　下午二點十五分我們搭上了前往死海的車班！車身編號還是 444 呢！真的還跟死海滿搭的。車上的人主要都是要去耶路撒冷，只有我們一家跟旁邊的斯洛伐克姊妹要去死海。沿途都是沙漠地形，但這種沙漠地形是有高低起伏的，跟埃及不太一樣。而最特別的是沙漠中有溫室，可以種植植物，我想這就是以色列舉世聞名的沙漠滴水灌溉技術吧？以前總是從報導或是教科書中讀到，而現在親眼見到還真是百聞不如一見呢，太酷了啦！

　　巴士中途會在一個休息站休息二十分鐘，這個休息站已經離死海很近了，後來上車之後過了半小時也就到了。從車上一路向北看著死海，對面就是約旦，隨著夕陽西下，粉紅色夕陽跟捨不得離開的藍天在死海的相互輝映之下，有種玻利維亞鏡湖的美，很漂亮啊！這是我們第一次看到死海，很感動。

　　快到的時候司機問我們要在哪個飯店下車？我們跟他說不知道，他滿訝異的。背包客不都這樣？當然是下車之後再找附近便宜的啊！旁邊的斯洛伐克姊妹也不知道住哪，所以司機就把我們載到看起來像是市中心的公車站讓我們下車。此時天已經昏暗了，風滿大的，得趕緊找個住宿囉。

　　於是開始滑手機，搜尋附近飯店！但死海旁邊的飯店幾乎都是五星級的，

要價至少每晚都要 100 美金以上，而且不含早餐。有些甚至要 300 美金！這中間也有司機過來介紹飯店，但都好貴，只好靠自己。以地圖模式搜尋附近，找到了雖然不是最便宜，但 CP 值最高的飯店：Crowne Plaza Dead Sea。

位於死海第一排的五星級飯店，有私人沙灘，可以直接去死海漂浮，但是對我們這種要長期旅行的旅人來說確實是個大燒錢的據點，硬著頭皮訂了兩天，再度開啟度假模式。

雖然每次找住宿，我們都錙銖必較，但是其實我們是願意多花點錢買世界級的景觀，也不願意省一點錢住二、三線的旅館。反正錢可以再賺，但回憶不能重來啊！更何況五星級的飯店以這價錢在以色列來說很佛心了。

五星級飯店也住了好幾間，這間光是大陽台和景觀就無敵了，當然暖氣、冰箱、電視、浴缸、吹風機都有的。

同時 Crowne Plaza Dead Sea 也榮登我們旅行 136 天以來，最貴飯店寶座。孩子們更是開心，因為看到了大床和浴缸了呢！

半夜十二點多，我面著死海，望著對面約旦的海岸線，好特別的感覺。從以色列看另一個國家，真是難得的經驗，今天好有旅行的味道。

交通資訊
埃拉特搭車前往死海：
票價：42元以色列幣（約350元台幣）。我
　　　們全家買三個位置。

車程：約三小時。

我們住這裡
死海皇冠假日酒店Crowne Plaza Dead Sea Hotel
地址：Ein Bokek , M.P.O., Dead Sea, 86930, Israel

電話：+972-8-659-1919

以色列／死海

天啊！真的是死海！

「妳以前的地理課有讀過死海嗎？」抵達死海的當晚啟文突然這樣問。

「誰沒讀過啊！」這真是一個蠢問題。

「喔！哈哈哈，這是一個我從來沒想過會到的地方嘛！」

對於這樣一個每個人都知道，但較少人能夠抵達的地方，尤其是以色列這端的死海，一般較常從約旦那端過來，我們真的特別興奮，毅然決然的決定住兩晚，好好的感受死海的魅力。

為什麼說是毅然決然？在埃拉特領略了以色列的高物價之後，便事先搜尋了下一個目的地的住宿，發現這裡動輒每晚 100 美元起跳，討論行程的時候，本來方案一是直接去耶路撒冷，然後買死海的一日行程，但又覺得死海是此行一個極重要的景點，決定就從埃拉特出發，死海剛好位於中間位置，直接搭車

到這裡留宿，比較不需要來回奔波。並且選擇死海旁第一排飯店，即使在冬天下水，一上岸就能馬上回房間，於是拍板定案，想一想，在這個舉世聞名的地方，五星飯店住宿一晚3,500台幣真的貴嗎？雖然是一百多天以來最貴的住宿，但真心覺得值得。

　　我們吃完早餐，出門走走，就去麥當勞看看，收集全世界的麥當勞兒童餐玩具，也是旅程的樂趣，同時也讓孩子們擁有個小確幸。驚喜的是，兒童餐的

死海沿岸的鹽巴結晶

玩具是神奇寶貝啊！孩子們開心極了，六尾馬上被小聿收編，至於玩具怎麼分配，通常是輪流，一人一次，他們蠻願意一起玩，雖然有時候也會搶或是吵，但這時候我會讓他們自己學著解決，反正小打小鬧也是育兒樂趣，如果真的沒辦法處理，我通常會看玩具的歸屬是誰的，讓他作主，或者引導他們交換彼此的玩具，不然就使出育幼兒無敵大絕招：轉移注意力，通常都能大事化小，小事化無。

午餐我們則是回到旅館，煮了蔬菜義大利麵跟玉米濃湯，讓孩子們在無敵湖景前享用，不知道是不是美景加持，大家一直續碗呢！稍作休息後，便換裝準備到死海漂浮囉！

死海漂浮，我們來了

來到死海邊，沙灘旁有兒童遊樂器材跟一些健身器材，我們先繞去玩一下，再去借毛巾，這就是住在死海邊的好處，不用從耶路撒冷扛著三個孩子的衣物毛巾來，玩一下又要風塵僕僕地趕回去，小孩的重點當然不是下水，而是在岸邊玩沙，偶爾踏一下水裝水來繼續玩沙，他們就很開心了。

死海位於以色列、約旦、巴勒斯坦交界，從我們這個視野，對岸就是約旦，死海是世界最低的湖，同時也是世界上最深的鹹水湖，它含鹽量極高，所以浮力很大，可以輕易的讓人浮在水面上不會下沉。

因為在這裡待了三天兩夜的關係，有幸可以見到死海各種不同的姿態，昨天的晴空萬里，彷彿果凍般，湖面印著藍天，今天沒有什麼太陽，天空灰灰的

整片白雲，連帶的整個湖面漾著粉粉的藍，有一種夢幻感。

　　但提到要下水漂浮，就一點都不夢幻了，在這裡天氣高溫可以到 22 度，晚間低溫 10 度，但一碰上水的感覺實在是冷冰冰的，我們倆輪流漂浮，要把暖暖的身體躺在冰冷的水上，都經歷一番的掙扎，但入寶山，怎麼可能空手而歸呢？雖然一下水就能感覺到不同於一般海水的浮力，肉眼可見水中鹽分的濃度感覺，但或許是因為被溫度所分心，真正浮起來的瞬間，只能說真是太神奇了，不費任何力氣，就能輕易的讓自己浮出水面，看報紙喝飲料，我想都是完全沒問題的。

　　全身泡下去就會比較習慣冰冷的溫度，趁著小多睡著，小羽幫忙照看兩個弟弟，我們上岸後，決定拍張兩個人的合照，用粉粉閃光彈和死海比美。

旅行小日記　by 萌多

我好喜歡這裡的麥當勞兒童餐，除了玩具是神奇寶貝之外，還有一個 100% 果泥，是香蕉跟蘋果口味的，超喜歡！

DAY
139

以色列⟷巴勒斯坦

我們一家的除夕夜

雖然昨天有先討論過，如果下雨，就不出門了。但是今天看著窗外的雨滴，想著都來到這了，伯利恆（Bethlehem）距離我們就只有半個多小時的車程，要放棄嗎？外面的雨勢小小的，時有時無，我們趁著沒雨的時候趕緊出門。去伯利恆的公車位於大馬士革門對面的公車站，要搭乘 231 號公車（2016 年最新資訊），每人車資 6.8 新謝克爾。走去大馬士革站大約二十分鐘路程。

　　下車的時候一樣飄著細雨，從公車站走到聖誕教堂（Church of the Nativity）大約二十分鐘左右，本來想要用走的。不過雨天帶著孩子，還是選擇舒服一點的方式好了，我們只想要去看隔離牆和聖誕教堂，於是開始和計程車司機廝殺，最後以 15 新謝克爾成交。幾次和計程車司機交手的經驗下來，為了避免有糾紛，我們一上車就全程錄影，再次重申車資及要去的兩個地點，司機也沒多推銷或為難我們。

伯利恆一日遊

　　先來到了隔離牆，稍微有關心中東情勢的人或許會知道以色列跟巴勒斯坦的問題，中東火藥庫常說的就是以巴衝突。這兩個國家在過去幾乎每幾年都要打一次仗，火箭彈都是幾千枚在發射的，我所在的耶路撒冷現在看起來雖然先進漂亮，但在三年前也才剛被 1,500 枚火箭彈轟炸過。以色列為了防止自殺炸彈客或是恐怖攻擊而建築了長長的高牆，就顯得令人心驚，不讓巴勒斯坦人偷渡進入以色列，把巴勒斯坦搞得像是一座監獄。這一座高牆，巴勒斯坦人在牆上作畫，描寫他們的生活，宣洩他們的不悅。

　　而聖誕教堂位於伯利恆的馬槽廣場（Manger Square），光聽到這個名號就知道有多厲害了，原是耶穌誕生的馬槽之處，原來改建的教堂早已毀壞，現在的教堂是查世丁尼一世在公元 565 年所建，所以也有近一千五百年的歷史了，同時也是世界上仍在使用中的最古老教堂之一。

　　教堂外觀並不顯眼，司機跟我說的時候我還懷疑他是不是騙我？因為跟以前所看到很高大，門很霸氣的教堂不同。這千年的教堂門大約 100 公分高吧，大人走進去要彎腰，這就是所謂的謙卑之門。走到裡面可以發現有許多空間，最主要的正殿，瀰漫著濃厚的古老氣息，從門、柱子、地板、地毯，以及一些宗教物品能夠看出歷史悠久。只是有些地方正在整修，沒辦法看到全貌。

　　說也奇怪，當我走到了地下室，看到地台上鑲有一粒十四角銀星，石面上有拉丁文寫著：Hic De Virgine Maria Jesus Christus Natus Est（這是聖母

瑪利亞誕下耶穌基督之地），我的腦海中突然浮現了曾讀過的聖經篇章以及耶穌受難記的畫面，內心出現很大的波瀾，接著又異常平靜。

附近還有一個牛奶教堂，面對聖誕教堂右手邊第一條巷子往上走約 150 公尺就看到了。傳說耶穌一家人為躲避猶太希律王的追殺，一路逃到這小小山洞裡避難。聖母瑪利亞在哺乳耶穌的時候，有一滴乳汁滴到地上，把四周的岩石都變成了白色，後來人們在後面就建了個教堂，也吸引了許多不孕症的夫婦來求子。我們夫妻倆光看到這，猶豫著，會不會去走一趟又多一個？呵！呵！

接著在遊客服務中心旁的書店買了明信片和郵票，巴勒斯坦這邊的郵件是送去約旦，再寄往世界各國，雖然比較耗時，但比以色列便宜。遊客服務中心內就有信箱可以直接投遞了。

不管在哪裡都要圍爐

一直待到下午，要趕回去耶路撒冷過我們的除夕夜圍爐了。回去的時候大雨滂沱，我們遇到了好心的計程車司機，載我們到公車站，因為外面下大雨，溫度又大概只有 5 度，他讓我們留在車內等到公車來，不另外收費。我們在車上聊天，原來，他也是有孩子的人，他有六個孩子，最小的才五個月，很多孩

子的事情可以聊，當然也聊了一些政治，以巴關係我想還是透過當地人的口中說出才是最真實吧？有趣的是他對於台海兩岸的關係很了解。不過我們比較幸運，至少現在還擁有自由，擁有主權，不用被迫害、被限制。

搭車回耶路撒冷的時候就會經過檢查站了，軍人會上車檢查護照，但沒有很嚴格就是了，可能主要是查巴勒斯坦人，我們的護照他連看都不看。

回到市區大概五點了，因為安息日輕軌已經停駛，商店也都關門了，走回旅館的路上格外冷清。

對我們來說好戲才正要開始啊！準備了滿桌的年夜飯，還拿出紅包袋包新台幣給孩子，跟外國人介紹今天是我們的新年，大家一起喊「新年快樂！」

交通資訊

計程車司機們的開價與行程，多是三個教堂+高牆（二個半小時），約100～150新謝克爾（約830～1,245元台幣，乘以8.3）。單趟的話一台車，他們通常開20～25新謝克爾。

即景

耶路撒冷的安息日

我們在耶路撒冷看《耶路撒冷》這部電影，螢幕中的場景歷歷在目，西牆（哭牆）、舊城、舊城裡的露天市場、大衛塔、雅法門等等，有種既虛幻又真實的感覺，彷彿在黑夜的某個街角，惡魔就會竄出，耶路撒冷就是有這種神聖而靜默的氛圍。

我們在這裡遇到安息日，從星期五日落前開始，一直到星期六的第四個星顯現結束，這段日子萬物需要完全的休息，也是用來陪伴家人的時光。大眾交通工具及商店都沒開（商店要是營業會收到罰單！）所有電器相關產品都必須關閉，旅館櫃台當然也沒有服務人員。如果旅館有電梯的話，在安息日會調整為自動上下移動，每一個樓層都會停下開門，這樣就不會按到按鈕，廚房裡也放置了恆溫的電熱盤，把食物放上去就會自動加熱，也是一種神奇的變通方法。

窗外下著大雨，空蕩蕩的街道，寂靜的時光，我想著下雨怎麼辦呢？雨天怎麼知道星星何時出現呢？

交通資訊

在耶路撒冷搭乘輕軌是相對便宜而方便的選擇，不管到哪一站，統一收費5.9新謝克爾（約50元台幣），沿途整體市容非常美，比歐洲還歐洲。

CH 5

歐洲，我們來了！

人生看似漫長，其實不過短短，
與其消耗歲月，不如闖蕩江湖。

西班牙、法國、波蘭、義大利、梵諦岡、斯洛維尼亞、克羅埃西亞、奧地利、捷克、德國

西班牙／巴塞隆納

早安！歐洲！Ola！西班牙！

這是旅行的第 143 天，是我們在歐洲的第一個早晨。

這一天醒來，很不一樣，因為我們已經到了新的國度。昨日的勞累匆忙還在腦海裡，但是現在回想起來，一切都很快意！來到歐洲前，在以色列不斷的問路、問公車到火車站，又從火車站轉到機場，而面對以色列嚴格的海關，本來已經做好要花很多時間通關的打算，但我們卻如有神助的一一過關，行李沒有大家經驗分享中被全部翻出的情形，只有被盤查一陣子而已。我們甚至在本古里安機場還有時間讓小孩玩一下兒童遊戲區呢！以色列蓋出境章的海關看到

我是台灣護照，大聲的說了一句：「喔！福爾摩沙 !!!」

在經歷了四個半小時的航行後，我們來到了巴塞隆納，小羽很開心的說終於到歐洲了，他想要來抓吸盤魔偶，還有看雪。我們把當初出發前在外交部查閱的申根簽證的資訊，全部準備好，包括：英文保單、英文財力證明、英文戶籍謄本，本來以為會是一場硬仗，沒想到昨天一落地，跟著人群走啊走！很輕鬆地就入境了。

遊歐，從西班牙開始

我們在歐洲的第一站是西班牙，巴塞隆納機場異常的普通，感覺比桃園機場還平凡一點，在機場詢問阿伯火車站怎麼走時，得到了一串跟西班牙話的回答，其實覺得很酷，因為聽覺刺激一直變化。印度語、俄羅斯語、埃及語、英語、西班牙文一直在轉換，搞到最後我都快分不清楚了。想當年我在東南亞時，附近幾個國家的語言我都能分辨清楚，甚至能說上一、兩句，但這邊我想我也只能說：「Ola」了。

我們從機場搭火車到了市中心，在從市中心走路到約兩個捷運站距離的區域，找到了藏身於街頭的一棟大樓之中的青年旅館。意外的是，旅館主動幫我們升級到了六床房。有兩組上下舖、一組雙人床。還有全景的落地窗，看著巴塞隆納街頭，其實和台北街頭有幾分相似。

不知道是不是從以色列過來的關係，經歷過以色列的超高消費洗禮，來到西班牙覺得什麼東西都好便宜。1 公升的果汁每罐才 1 歐元，在以色列要 3 歐起跳啊！另外聽說巴塞隆納的中國餐廳便宜，所以我們也去吃了一頓。共點了一份套餐（楊州炒飯、紅燒豆腐、餛飩湯），白飯、排骨麵各一碗，總共 15 歐，大約 500 元台幣不到。比起我們過去的幾個國家，真的超級便宜。

我們全家的新年，就在世界各國不斷的走春中度過了，從以色列的耶路撒冷到特拉維夫，到現在走來西班牙的巴塞隆納了，我相信我們全家今年一定會很旺的！

西班牙／巴塞隆納

非親眼所見不能體會的高第建築

　　夜深了，想起今天參觀高第所建的巴特略之家，心底還是有著無比的悸動。長途加上和孩子一起旅行，步調就放得很慢，每天睡到自然醒，一天最多排一、兩個行程，孩子舒服了，大人才有餘力欣賞風景呢。

　　今天我們去看了高第的巴特略之家，距離住宿位置也不過二公里多，而且地鐵就能到，於是我們非常悠哉的出門，一出地鐵站，馬上就能找到建築物，

不禁感嘆高第就是高第，那麼特別的建築，沒有認錯的可能。我們先前還去看了聖家堂，那種光影變化和莊嚴感，經過好幾天都還能鮮明的記著，今天看到巴特略之家又是不同的驚嘆，我們忍不住幻想著，高第是未來人穿越回來的吧！在巴塞隆納的高第的建築裡，巴特略之家的收費是最貴的，每人要 23.5 歐，包含語音導覽機器。不過實際參觀過之後，真的覺得很值得前來，而且我們一家五口，就買兩張票就可以了，也是一種加量不加價的感覺呢！

奎爾公園

導覽器除了一般的中文說明，特別的是播放器是智慧觸控螢幕，拿起來對著整個室內空間移動，會有不同的驚喜，例如，會出現海龜、魚等等，呼應高第創作的意象，也會出現地毯、家具、光線變化等等，這樣的影音互動導覽，處處可見細節處的用心。我們也和孩子一起欣賞並且討論導覽的內容，孩子們覺得屋頂上的屋簷是恐龍的背脊，對於海洋意象則無感，實在很有趣。

原來房子可以蓋成這樣

巴特略之家，最著名的就是整棟建築都是彎彎曲曲的弧形構成，其實仔細找還是有一些直線，對我們來說，尤其是房仲的工作背景，視覺是衝擊是很大的，原來房子可以蓋成這樣！每一道光線都是經過計算跟琢磨，甚至天井的磁磚顏色從深藍到淺藍都有意義。語音導覽裡提到，曾有人評論這個建築本身是一個各式各樣的海洋面貌，我覺得很貼切，也因此才會讓我們這些海島孩子特別的受到感動吧。

參觀到閣樓時，還能站到小陽台拍照，不過一張相片要價不菲，但我們買了！因為 12 歐換一張一家人在巴特略之家的合照，值得！而且我覺得這樣賺觀光的財，並且拿來維持這樣的文化遺產，更值得。整個參觀過程裡面，房子本身的驚奇當然不在話下，但我們認為更值得一提的是，整個城市對於古蹟的維持和保護，還有創新的元素搭配，都非常用心。不管在導覽、動線、行銷方面都讓人覺得非常的舒服，很有質感，真的很值得學習。

旅行小日記 (bv) **玉婷**

有些人會說，孩子不會記得也學不到什麼東西，但是我們想說的是，其實記得與否並不是最重要的，就像我也不記得上週二晚餐吃什麼，也不記得我是怎麼開始學會說話，總之一定是過去所有的種種堆疊出一個人的本質，所以，我們相信旅行和陪伴那麼真真切切的，那些一起經歷的故事，都會成為我們彼此生命裡的養分。

DAY 150
啟文的三十歲前夕，依舊在旅行的路上

　　半夜三點莫名地醒來，在冷空氣中洗完澡後，剛回到床上本來想看看手機時間，卻不經意看到日期，居然已經 2 月 7 號了，明天 2 月 8 日是我三十歲的生日了耶。沒有想到來得這麼快，心裡總覺得自己好像才剛大學畢業似的！想到此突然睡不著了⋯⋯

　　那種時光倏忽、不小心長大、成家的感覺。我想起了最初為何踏上背包的旅程，念中文系帶給我最大的收穫並不是寫作，而是在人生歷經低潮的時候能夠有勇氣出走，並且把悲憤的力量化為文字，寫成那些年的遊記。如今雖許多文章跟過往照片已被愛妻摧毀，但還是要感謝那些年的一切，一步步讓我壯大，漸漸毫無畏懼。如今這個男人擁有許多能量、滿滿的自信、並擁有幸福歡樂的家庭。

致我充實豐富的青春

　　看著熟睡的三兄弟，小羽自己睡著一張床，習慣性的把自己埋在被子裡面，小聿佔領了小多的嬰兒床，正踢著被子，小多依舊萌萌依偎在媽媽懷裡熟睡。這畫面其實不常見，因為我總是比較早睡，半夜不會起床。我想著自己身處異地，一家大小走了那麼多的地方，然後又要三十歲了，沒有覺得很厲害，反而發現肩上的壓力又更沉重了。

　　在 2 字頭的年紀總覺得自己年輕，有消耗不完的體力、有中二的權力、世界偌大任我翱翔。然而對我來說，而立之年責任更大了，只是慶幸著過去沒有浪費。

　　大家面對人生的三十歲又是什麼想法呢？

　　我們只是一般人，一樣有著一般人的煩惱，要想著該如何賺錢？如何教育小孩？但從來就不認為人生中環遊世界只會有一次，人生不長的，除了工作賺錢延續生命以外，總得絞盡腦汁讓自己過得更接近目標。惕勵自己三十歲以後不要太過安逸，要更加努力為了接下來的日子。

　　我三十歲以前最開心的瞬間，就是在二十三歲的時候遇見了玉婷，那是一個

很晚很晚的夜裡，剛結束一個人東南亞四十天背包旅行回到台灣，寫完那篇上了 Yahoo 首頁的沙巴睡機場文章。還記得那晚我們聊了很多，對我來說她是個才女，有點傲傲的，但也因此勾起了我攻城掠地的決心（雖然敵人很多），我們之間的故事，幾天幾夜都寫不完的，就先點到為止就好。

今晚以一杯小酒感謝我的青春歲月，也感謝陪伴我們走過青春的朋友們，「Sunny 背包流浪記」也早就不是我一個人的小基地，是我們家的一部分，姑且就把他當作我們家的「客廳」吧！歡迎大家來坐坐！

敬即將到來的 30 人生、敬同甘共苦的老婆！

2017.02.07 05:10 巴塞隆納

DAY
151

DAY
164

法國／巴黎

我們在巴黎，
一直玩，一直玩，一直玩

ℹ️ 奧賽美術館
🏠 1 Rue de la Légion d'Honneur, 75007 Paris
🌐 www.musee-orsay.fr

DAY
155

奧賽美術館

　　巴黎有非常多的美術館,畢竟巴黎就是巴黎,在歷史的洪流裡,這一直都是藝文人士的聚集地,許多世界上最知名的作家、藝術家都曾在這裡生活,甚至在巴黎死去,而奧賽美術館又是特別著名的,原址是車站,後改建為美術館,豐富的館藏,涵蓋梵谷、米勒、莫內、雷諾瓦等畫作,而我們最想看到的則是米勒的《拾穗》,逛完了整個館藏,看了很多名畫如梵谷的自畫像等,卻發現遍尋不著《拾穗》,去問了館員,才得知外借出展,後來一查詢,才發現是在台灣展出,我們繞了大半個地球想看的畫作,就在我的家鄉,也太巧合了。

DAY 157

艾菲爾鐵塔

　　在公車上遠遠的看到艾菲爾鐵塔，有一種不太真實的感覺，這樣一個舉世聞名的建築，如今就在我們面前呢！過去看到的都是許許多多的擺飾品、相片、畫作等，等到我一步步走近才發現，艾菲爾鐵塔是何其的高大，小羽靠近時已經驚呼「巴黎鐵塔」！我這時了笑了，想起電影料理鼠王的背景就是巴黎啊！難怪小羽認得。你說，巴黎的風景怎麼可能少了這個高塔呢？

凱旋門

　　雖然想像過拿破崙騎馬走過凱旋門的畫面，但現在其實已經無法感受到當初的出征勝利感覺，凱旋門的意象對我們來說更多的是對於建築本身的欣賞，看過很多地方的凱旋門，雖然一樣的巨大，卻各有不同的特色，二戰結束至今不到百年，戰爭並沒有離我們很遙遠，和平也不是理所當然的，願戰火永永遠遠的停止啊！

孚日廣場／雨果的家

　　雨果的家前面是孚日廣場，孩子在廣場玩了很久。涼爽的天氣，溫柔的陽光，嬉笑的聲音，讓大家都帶著好心情踏入雨果的家，看著他以前生活過的房子，裝潢非常的奢華精緻，深紅、深綠等大膽的用色卻不突兀，中西式合併的擺設完美的融合，一幅雨果的畫像栩栩如生，時空好像都還靜止在當年，他不但是法國文學史上卓越的作家，還創作超過四千幅的畫，甚至投身社會運動，他為自由、平等和友愛奮鬥終身，真的是位傳奇人物。

ℹ️ **雨果的家**
⌂ 6 Place des Vosges, 75004 Paris,France
🌐 www.maisonsvictorhugo.paris.fr

DAY
160

聖母院

　　聖母院是巴黎最有代表性的歷史古蹟、觀光名勝與宗教場所。而在聖母院門前的廣場中，有個原點（Point Zéro）紀念物，是法國丈量全國各地里程時所使用的起測點，這讓聖母院被更多了法國文化中心點的象徵意義。而雨果所著的《鐘樓怪人》全書更是以聖母院作為背景，我們靜靜地排隊入教堂內參觀，坐在長椅上，孩子們依靠著我，那時候我們不知為什麼安靜著，那片刻，真好。

聖母院
6 Parvis Notre-Dame - Pl. Jean-Paul II, 75004 Paris

協和廣場

　　會特別來看，是因為我們在埃及的盧克索神殿入口處看到的方尖碑，那時已經知道他對側的另外一座方尖碑就在巴黎。一路走來，見證了他們曾經長達幾千年近在咫尺的聳立，如今已是相隔千里。巴黎的夜晚寒風吹著，旁邊是閃耀的摩天輪，我說不上來這樣的心情是什麼，但這兩座方尖碑在我的記憶裡，他們相逢了。

DAY
160

羅浮宮

　　在羅浮宮前，我們買了一包熱騰騰的烤栗子，讓孩子們暖手暖胃，和孩子們一起看著地圖上有標示各館區的重點館藏，他們很開心的各自選擇想看的藝術品，然後一起規劃路線。小羽拿著地圖，當著我們的導覽，帶著我們往前進，看了爸爸選的勝利女神像、媽媽選的維納斯、小聿選的蒙娜麗莎的微笑、還有許多藝術品，經過拿破崙三世及皇后金碧輝煌的房間，中間有很多工作人員熱心地跟我們指示何處有電梯，幫我們開捷徑，最後才找到小羽的拉美西斯神像，走了快五個小時，兩個弟弟在離開羅浮宮時，就秒睡著在推車上，小羽還是精神奕奕呢！

愛牆

　　巴黎愛牆位於蒙馬特半山腰上的一個小公園裡，愛牆面積約為 40 平方公尺，由 511 塊深藍色的長方形石磚組成，牆上以 280 種語言寫滿了「我愛你」，我們在這裡跟小孩一起找中文的我愛你，然後我的頭輕輕地靠在你的肩膀，雖然沒有說出口，但我們之間，愛無所不在。

聖心堂

　　帶著孩子爬了許許多多的階梯，氣喘吁吁的，好不容易才站上聖心堂前，從這裡往外看，是整個巴黎的景致，非常的壯闊，聖心堂是巴黎的天主教宗聖殿，整個教堂非常的恢弘雄偉，白色的外觀顯得端莊，最高的圓頂內是基督聖像的鑲嵌畫，站在其中能夠感覺到平靜安穩的力量。

聖心堂
35 Rue du Chevalier de la Barre, 75018 Paris
www.sacre-coeur-montmartre.com

DAY 163

巴黎迪士尼

　　一早從市中心搭火車到迪士尼樂園，雖然是陰天，偶爾有毛毛細雨，但孩子們都很開心，前天我們一起看了《料理鼠王》之後，他們就一直期待著可以看到廚神餐廳，畢竟電影裡這個餐廳很熱門，能看到就很滿足了，每一個遊戲區我們都挑孩子可以玩的一起玩，也追著調皮的大玩偶人求拍照，看了星際大戰的遊行，還有史迪奇互動劇場等等，一直到閉園時間，我們才在璀璨的煙火秀之下，為今天的旅程畫下完美的句點。

巴黎迪士尼
🏠 77777 Marne-la-Vallée
🌐 www.disneylandparis.com/en/?country=TW#

盧森堡公園

　　我們當初在巴黎的住宿選擇在六區，也是因為希望徒步可以走到盧森堡公園，這個大公園很大，還有一個收費的兒童遊戲區，裡面的遊樂設施很多，多是可以攀爬或是體能類的，可以讓孩子充分的活動，開放時間這裡總是充滿了人，孩子們也跟外國孩子玩了起來，對孩子們來說語言不是隔閡，玩樂是無國界的，玩完我們會散步到大水池，靜靜的看著飛鳥起落，看著孩子奔跑追逐，就是一個完美的午後了。

即景

來法國一定要吃的法國菜

　　來巴黎想品嘗法國菜，推薦給大家一個高貴不貴的好選擇，法國人的排隊名店 Bouillon Chartier，餐廳早期是巴黎工人餐廳，用餐時段都會大排長龍，要耐心等候，餐廳走的是低調復古的質感，不需要穿著正式服裝，帶小孩也適合喔。

　　菜單是法文，所以建議先到官網翻譯一下菜單連結，或者像我們一樣，鎖定蝸牛（Escargots）和油封鴨（Confit de canard），品嘗簡單的橄欖油加上巴西里烘烤的蝸牛，鴨油浸泡慢火燉煮的鴨腿，配菜是一樣軟嫩香甜的馬鈴薯，推搭配紅酒或白酒，最後在來一份店員推薦的甜點就很完美。

Bouillon Chartie
⌂ 7 Rue du Faubourg Montmartre, 75009 Paris, France
🌐 +33-1-47-70-86-29

法國→波蘭

旅行，就是換個地方生活囉！

這天，
氣溫3度，
半夜三點多，
雪下著，　　　我們已經在波蘭了。

　　從法國到波蘭，我們選擇搭飛機，但是，昨天一家人搞到很晚才睡，隔天拖到快十二點才能出門，要到波費機場（Beauvais）還需要三個小時的車程，我們又得在下午三點半前 Check in，雖然搭巴士全家只要 51 歐元，但是因為時間壓力，我們最後還是選擇了可能要花上 150 歐元的計程車方案，加上來了巴黎半個月了，也還沒搭過計程車，就當作是順利搭機的保險和全新體驗吧！一個半小時跳表計費，總共車資為 154 歐元，約 5,000 多元台幣。我們全家機票五張，也才 173 歐元而已，比較起來只能說巴黎的計程車好貴啊！

千金難買早知道

　　我們選擇搭乘的是歐洲廉價航空品牌，瑞安航空，機票真的好便宜。如果要從戴高樂機場飛華沙，我們一家人至少要 350 歐元，還需要轉機。但是從波費機場飛，雖然機場比較偏僻，但只要 173 歐元而已，而且是直飛，省錢又省時啊！只是今天我們搭了計程車，原本省下來的錢，都又消失了！

　　對了，瑞安航空的登機證是要先去線上 Check in 並且列印登機證。如果沒有列印的話，現場每張機票要加收 60 歐元，比機票還貴啊！因為是廉價航空，所以行李的重量也是斤斤計較呢！我們原本買的行李重量是 15 公斤的，我們夫妻倆行李各 16 公斤，就要加收 10 歐元，我們只好當場拿一些東西出來，改放隨身背包，還好！裝得下！

　　雖然今天風很大，但是機長駕駛技術不錯，遇到亂流也不算太晃，一路上滿好睡的。而且延遲起飛，居然準時降落了，傍晚六點十分就降落在波蘭莫德林（Modlin）機場。華沙主要有兩個機場，一個是蕭邦，一個就是這個莫德林機場了，這個機場只有瑞安航空在飛，小雖小還算滿熱鬧的，有兩間巴士公司，還有許多租車的櫃台以及販售食物的商店。

　　由於都是飛歐盟內部的航班，所以也不用過海關，直接走去領行李出關就好了。這邊要搭巴士去華沙市中心有兩個選擇：第一，搭巴士直達華沙市中心，

要價 33 波蘭幣。車上有 Wi-Fi 感覺比較多人搭。另一個是巴士加火車的套票，套票 19 波蘭幣（大約 150 元台幣），小孩不用錢。從機場搭接駁巴士（十分鐘）到莫德林火車站，轉火車前往華沙市中心火車站（約四十分鐘）。

我們當然選擇了後者，因為，我們不趕時間，其次，小孩也比較喜歡搭火車，最後，當然就是便宜啊！

東歐的物價真的舒適，比起巴黎，真是太美好了！雖然溫度僅僅 3 度。但一路上還滿舒適的。

在波蘭，我們並沒有什麼特別的行程，長途旅行，要鬆弛有度，此刻在華沙就是一個緩衝的時刻。我們總是在房子裡打滾，住得太舒服就是這樣，會有點捨不得出門，看電視、玩桌遊、煮飯、打掃、洗衣服，把每一個住的地方都活成家的模樣，是我們一家旅行的課題。

偶爾出門散步，欣賞著櫥窗，帶孩子認字母、數字、顏色，盤點著我們回程要補給的必需品，採買衣物，到公園玩耍，吃吃喝喝，逛逛百貨公司，一家人在一起就很好。離開百貨公司的時候，一樣是毛毛細雨，大家穿好外套帽子拉好，此時羽哥撒嬌要抱抱，爸爸二話不說地扛起他，我推著兩個弟弟，一家人快步地回家，沿路說說笑笑，羽哥說：「這樣不錯吧！我們是互相取暖啊！」真是所有疲憊都會覺得可愛好笑啊！回家跟孩子一起洗澡，互相幫對方洗頭洗背，梳洗後一起上床睡覺，夫妻倆一起喝啤酒吃消夜，旅行啊，不過是換個地方生活罷了！

　　如果說離開波蘭會想念什麼，無非是大雪紛飛吧，有一種驚奇，會令人雀躍，令人忘記寒冷，因為那是有別於我們原生的環境，我們的家在南國，那裡總是晴天，寫著寫著，才發現已經離故鄉千里之遙了。

義大利

三代同堂背包旅行，
歡迎阿嬤和阿姨的加入

我們出來旅行將近半年了，終於和家人在旅途中相會了！

因為阿嬤和阿姨的即將加入，我們在波蘭時，就已經開始著手處理義大利的住宿問題。本來米蘭的住宿找不到合適的，討論後決定增加預算，沒想到千迴百轉，在從波蘭起飛當天找到了就位在米蘭市中心 zone5 公寓。有兩房兩廳兩衛浴，所有設備都很齊全，含清潔費、服務費、延遲入住費用（米蘭很多飯店旅館等住宿超過晚間八點都要另收費），一天約 2,500 台幣，四大三小的組合，這樣的空間真的是最好的選擇！

語文不通照樣出國

玉婷的媽媽跟妹妹，自己從台灣出發飛到了米蘭。看著她們自己飛來，我總覺得只要我們持續走下去，就能影響更多人，讓大家知道旅行不難，語言不是阻礙。他們英文也不太通，但就是有辦法從台灣到香港轉機到阿布達比，再從阿布達比飛米蘭。靠著自己通關，然後搭機場快捷到米蘭市區的火車站，超厲害的。如果你還覺得語言是影響踏出國自助旅行的因素，那麼請看看孩子們的阿嬤和阿姨吧！

孩子們今天真的很開心，見到了思念的家人，還有好多食物補給也都到了。我們看到那一整行李箱將近 20 公斤的台灣味食物，全裝滿要給我們的食物的時候，我深深感覺到一個母親對孩子的關愛，怕我們在外面吃不飽、吃不慣，所以買了很多我們愛吃的東西，再重也要扛過來。　接下來一個月，我們將一起造訪義大利及奧地利，三代一起背包遊歐洲，也是一生難忘的經驗。

義大利／米蘭

米蘭終於不下雨了！

前幾天的連日寒雨，我們待在房子裡不能出去，覺得有點失落，米蘭如此美麗，我卻因雨而哀愁。然而今日的烈日藍天，一掃過去幾天的憂傷，我們三代同堂，拿出全部精力，出發！感受這個城市的美。

今天的行程預計先去感恩教堂，再去布雷拉美術館看畫，有時間的話下午還可以去大教堂跟艾曼紐二世迴廊逛逛精品街。

人家總說米蘭的景點密集，停留一到兩天便能逛完主要景點。但是，我們卻停留了八天，才逛完米蘭的主要景點，因為在下雨啊！而且，我們真的不趕時間，還有，我相信生命中所有的安排都是有意義的，停幾天不是重點，重要的是我們一家人在一起。

終於親眼見到世界名畫

今天全家出動之前，昨天我很開心地一個人去看了感恩教堂旁修院食堂的達文西所繪的世界名作《最後的晚餐》。歷經了很辛苦的搶票過程，讓我看到時，也相當激動，雖然很遺憾，只有我一個人看到，家人們都沒有看到！

然而今天我們一家人再次去了住宿附近的感恩教堂，這半年來我們看的教堂至少有二十座了，但這是世界文化遺產，不參觀一下怎麼行！就在參觀的同時，玉婷靈機一動，要我去辦公室問問看是否有票釋出？因為聽人家說有時候現場會有人放棄，我們可以去買票，雖然機率不高，但值得試試看。

我走到了櫃檯，看見前面有幾位外國人在詢問，他們對望一眼，搖了搖頭，嘆了氣離開。我鼓起勇氣到了櫃檯前，用了英文問了是否還有票？眼前的紳士丟了一句給我：「Only 18:30.」

哇！真的太神奇了！傳說中比五月天還難搶的票，居然一問就有了，當下就跟他說我要買三張，因為玉婷和岳母以及小姨子都還沒有去看過，我打算就留在外面顧孩子！他給了我三張，我問他多少錢。得到的回應居然是「For Free」，原來歐洲有些國家每個月的第一個周日，很多收費美術館博物館會免費，只不過每天能夠看《最後的晚餐》都是限定人數的，名額不多。既然不用錢，我就連孩子跟我的票也一起拿了，共七張省下了約 3,500 元台幣。

之後我們搭了輕軌前往被布雷拉美術館，卻因為上錯了輕軌而跑到了米蘭大教堂。我人生中第一次看見義大利最有名的大教堂卻是因為搭錯車，還真是有點驚喜啊！

布雷拉美術館

　　布雷拉美術館其實不大，但是館藏豐富。我們排隊排了約五十分鐘才進去，還好孩子們很乖，沒有哭鬧，知道這邊要乖乖的，真不錯。看來旅程中他們也一直在學習，在排隊的過程中，學習其他人的活動模式，歐洲人都很優雅地排隊，還有人站著看報紙跟雜誌的呢！連當地的老阿嬤都跟著排了五十分鐘。

　　這裡主要的展品都是油畫，大概都是五百年到二百年前的作品，以天主教的主題為主，有許多名畫。例如卡拉瓦喬、拉斐爾，還有名作《吻》，親眼所見，真的如耳聞的好看。更棒的是，館方會控制入場人數，所以展示空間並不會擁擠，可以好好逛上兩個小時呢。

米蘭大教堂、艾曼紐二世迴廊

吃完午餐之後，我們散步前往大教堂，從美術館到大教堂大約一公里而已，這條小街道非常的美麗典雅，很適合當做散步路徑。

米蘭大教堂是全大理石的建築，感覺有點像像西班牙的聖家堂，雖然聖家堂有高第鬼斧神工的加持，但米蘭大教堂呈現的精緻感也很棒，這兩座世界知名的教堂算各有千秋。門票的每人 3 歐，登頂欣賞景觀的話另外收費。

在米蘭大教堂前有個艾曼紐二世迴廊，是逛精品的主要地區，LV、Prada 在這邊都有，迴廊頂上有遮蔽，半室內的空間，即使遇到下雨，也可以自在的逛街。如果覺得運氣不好想改運，記得找公牛像報到，據說在牛的重要部位順時鐘轉個三圈，可以帶來好運呢！

旅行小日記 by 啟文

我們在西班牙巴塞隆納，以色列耶路撒冷都搭過輕軌，在米蘭我們也搭到了輕軌，因為車廂與陸地的落差約有三個階梯高，估計有 80 公分以上，對我們推著嬰兒車的人來說，必須靠人協助才能順利上車，但是也算舒適，而且地鐵、公車、輕軌互相搭配，車票在 90 分鐘內只需要 1 張，都可以互相通用，在市區要到哪都方便。在米蘭輕軌上，一路上風光明媚，是個很適合欣賞風景的交通方式喔！

達文西 - 最後的晚餐

最後，要前往欣賞最後的晚餐了，我們提早抵達，也順道前往旁邊的感恩教堂參觀，參觀的這天是星期日，教堂鐘聲四起，詩歌迴盪，氣氛滿滿。時間一到，我們前往朝聖了，本來不期待一家人可以一起看這幅作品的，但是沒想到上天賜與了這個機會，真的只能感謝上蒼了！看到家人在曠世巨作前的微笑著，真的覺得好滿足。

義大利／米蘭→羅馬

旅行就是一種修行！

昨天，終於在網路一直有問題的狀況下，搞定了從米蘭到羅馬的巴士車票，唯一的小缺點就是發車時間是早上八點，不過因為票價比較便宜，我們也不是沒有一早搞定三個小孩出門的經驗，於是放心的訂票了！今天一早，我們六點就起床，七點多出門，但是，遇上罷工一路小塞車，然後是在地鐵內差點上錯車，因為同一個月台有不同車班，最後，我們遲了三分鐘才抵達巴士月台。

眼睜睜的，目送我們的巴士離開。而一旁十五分要去羅馬的車，到了二十五分還沒走，我們呆坐在月台恍神，這時候花錢覺得心痛，但更痛的是只差一點點，但是，錯過了就是錯過了，巴士不會回頭，我們也追不上，如果今天是睡過頭，感覺反而覺得安慰一點。不過，遇到問題，就是要面對它，處理它。

是的，再買一次車票吧！

　　站務人員知道我們的狀況，原本買票每人 5 歐的手續費，全部減免，果然人間自有溫情在，但結帳時，真有種淡淡的哀傷，又是 154 歐，想起我們在巴黎趕飛機搭計程車，也是花了 154 歐！其實算一算，兩張車票的總金額再加一點，就能搭歐洲之星，但人生哪有那麼多的早知道？買完第二批車票，已經九點了，也聯絡了下一個住宿的房東，我們一切就緒，就等下午兩點出發的巴士。啟文提議帶媽媽妹妹孩子去中央車站逛逛，那裡白天很美，但是我說：「現在事情處理好了，但我心情不好，我要留下來顧行李，而且我的十次城市車票也用完了，你們都還剩下三次，你們去吧。」 小聿在知道我們還要等很久的時候，就默默地把背包拿下來，自己爬上推車，找好位置，抱著包包睡覺。孩子都比我無罣礙，旅伴們也沒有人抱怨或責怪，還興沖沖的約去吃麥當勞逛街。不甘心，是真的。我們已經盡量提早出門，但人生豈能事事如意？這次事件或許也是一種安排，讓我停下，學習處理每一次放不下的執念。旅行就是修行啊！

DAY
181

義大利／羅馬

　　二哥小聿三歲生日，白天去了羅馬競技場和古羅馬廣場，晚上一起煮了很多他愛吃的菜，接著一起吃蛋糕慶祝。歡唱著生日快樂歌，瀰漫著滿滿的愛，以及孩子天真純潔的笑容。我們祝小聿平安健康，生日快樂！

到處都是粉紅泡泡
的威尼斯

從羅馬來到了威尼斯，感受到了截然不同的城市
風味。羅馬帶給我的感覺是悠閒，所有的事物都慢慢的、
路上行人走路慢慢的、排隊慢慢的、公車來的也慢慢的。雖說
不上非常喜歡，但也是個很不錯的古老城市。

而威尼斯呢？這個浪漫了超過千年的水都，真的浪漫嗎？
我們昨天傍晚抵達的時候，從本島火車站走路要去我們所租的
公寓，一路上巷弄小小昏暗，左彎右拐偶爾過橋，夜晚的巷弄

間沒什麼人，寧靜得可以。老實說我感受不到所謂的浪漫，感覺反而接近曾經去過了印度瓦拉那西，那是恆河流經的主要城市。

　　經歷過一夜的休息，今天我們出門探訪，雙腳踩在這水都土地，穿過古老的巷子，轉角遇見的大大小小運河，搭上了交通船，前進了那有名的彩虹島（Burano）。島上的景色非常的一致絢爛，五彩繽紛的，一列列的種在河的兩岸，每一棟的房子都讓我感覺是藝術品。

　　但出來旅行這麼久了，美的東西看得有些疲乏了，但與其看那些美景，我更想觀察眼前這些來來往往的人們。我們發現會來威尼斯的旅人，幾乎都是一對一對的，而且有超過 30% 以上手上都帶著婚戒，不論男生女生美醜胖瘦，每一對都非常的甜蜜，搭個船站著接吻擁抱什麼的，都無視於外界的眼光，當然在歐洲見怪不怪。我相信很多人都是來這邊度蜜月的，跟別人說到義大利威尼斯度蜜月聽起來就很甜蜜。

　　想起六年前我們剛結婚的時候，「度蜜月」是想都沒想過的一件事，因為三天後我就要入伍當兵了。別人結婚是開心地規畫蜜月該去哪裡？而玉婷則是結婚後，開始過著十一個月陪我數饅頭，每天等公用電話的日子。結婚的早，當時我也沒什麼錢，覺得那三個字好沉重。從此之後我們也很有默契的絕口不提「度蜜月」這三個字。

　　我覺得對於人生來說是個虧欠，每次看到大家結婚後就跑到歐洲去度蜜月，都覺得他們真幸福啊！那種結婚後，大勢底定，兩人世界的甜蜜出遊，在我們的生命中似乎沒有出現過。

　　雖然現在一家五口旅行很幸福很開心，但看著那些兩人世界的幸福，想起了我們之間兩個人相處的時間似乎不太長，又想起了旅途中那些爸爸先被兒子護衛隊 KO 的夜晚，內心難免也會有一些碎念出現。看來，短時間內我們夫妻兩個要甜蜜出遊的機率真的微乎其微了。

為什麼還不回家

今晚懶散地躺在母親的房間玩手機遊戲，她突然問我：「妳什麼時候要回家？」

「不知道耶，歐洲都還沒走完，還要去英國，然後在盤算吧！」我沒什麼想法的隨口說著。

「小羽應該要去上學了，要去學校比較好。」媽媽說著。

「喔！我有跟妳說過就是上學之後就沒辦法這樣玩了啊！而且妳看歐洲這麼遠，要再從台灣帶三個小孩飛十幾個小時來，說真的光想我就累了。」

「不會啦，不是都有寒暑假嗎？」

聽到她這樣說，我開始有點認真了，把注意力從手機移開，我思索了一下，說：「走到這裡，我們花了半年，走得這麼慢，每一次的飛行拆成五個小時左右，就是為了配合小孩，給我們彼此更多的時間再一起，我離開學校沒有很遠，一旦開始上學，就是幾十年的求學之路，早一點晚一點，差別真的沒有那麼大，念書也是很辛苦的路，如果讓我選，當然是選擇玩。」

她沒多說什麼，但我知道這也是很多人的疑問，最大的小羽五歲了，還沒上幼兒園，我們要這樣玩到什麼時候呢？真正在家鄉的生活要怎麼辦呢？之前有過陌生

人留下了對我們的評論，寫著類似「最後會發現，夢想終究是夢想，現實終究是很現實的。」

人生是自己的，我也不認為自己非得要得到誰的認同，要是過於顧及別人的想法，反而容易失去自我，夫妻倆有共識要走這一路，有景同賞，也風雨與共，有時風雨不僅僅是路途的艱辛，更多時候是蜚短流長。

母親年幼辛苦，求學之路也得不到家人的認同與幫助，所以對我們孩子的教育是很注重的，長輩也很常說：「讀書多好，以後工作就知道讀書時間最幸福了！」彷彿恐嚇一樣地說著社會的現實與險惡，又過度的美化了讀書時光，事實上，讀書於我而言並不算困難，我在校成績一直保持在前段，但讀書容易嗎？那個年代還流行著少幾分打幾下，在學校裡我常常感覺自己被困在教室裡，桌上放著課本，膝蓋上放著課外讀物，整年流連在圖書館裡讀一堆牛馬不相干的書，對專業並沒有太大的幫助，認真說，上課偶有火花，但大多時候，是無聊的、應付考試的……

你想留什麼給孩子呢

這個問題，我想用我想留什麼給孩子呢？來回答。

當媽媽五年了，我至今仍然常常問自己，有時我感覺自己做的不錯，有時又挫折的不得了，但正確答案在哪裡呢？沒有正確答案！是的！這才是人生啊！

現實是什麼呢？你的正確，不一定是我的正確啊！

環遊世界，不也是我們的現實嗎？這個夢，是我們的一步一腳印，是我們日日張羅生活，是我們傾聽內心的聲音做出的決定。海賊王裡整天嘻嘻哈哈的唐吉軻德‧多佛朗明哥說過：「不知道和平的孩子，和不知道戰爭的孩子，價值觀是基本上的天差地別。」

我們走過許多較髒亂、發展較不完全，物價很便宜的國家，也走過百年古城物價高昂的泱泱大國，甚至我們走過西奈半島、以色列、巴勒斯坦。你知道嗎？身在台灣，我常常忘記了戰爭其實離我們沒有很遠，藉著歷史跟不同的文化，我們能夠從不同的面向，跟孩子討論，又比如我們在美術館裡除了看到花卉美女，也看到許許多多的戰爭畫面，該怎麼跟孩子們說，那些血流成河呢？

教育，不只是學校裡、課堂上，教育是生活，是整個世界。

旅行第 187 天，離家千里遠，我在羅馬，一家都在這裡，我們還沒有要回家。

梵蒂岡

捕獲野生中華民國駐教廷大使

　　我們在羅馬停了了八天，其中去了傳說中的國中國 —— 梵蒂岡。這同時也是台灣在歐洲唯一的邦交國，國土很小，但卻是個神奇又神聖的國度。觀光客超級多，聖伯多祿廣場、大教堂、梵蒂岡博物館都擠滿了人。

　　我們花了幾乎一整天的時間逛了梵蒂岡博物館，其中西斯廷教堂天花板的作品，由米開朗基羅所創作的－創世紀更是令人難忘，那可是我們從小看到大

的名畫啊!感覺來到歐洲,以前腦海中所謂的名畫——都現形了。到目前,收集了米蘭—最後的晚餐、巴黎—蒙娜麗莎的微笑、梵蒂岡—創世紀⋯⋯

　　由於我們逛博物館逛得太認真,導致最後抵達聖伯多祿大教堂時,已經傍晚快六點了,已經不開放排隊了,我只能望洋興嘆。我們一路從印度看教堂看到羅馬,大大小小的教堂都看過了,連耶穌誕生的伯利恆之心也都去過了,怎麼能錯過這個天主教的朝聖之地呢?而且教宗就住在旁邊啊!但是,工作人員還是說:「請明天再來」但之後我們要從羅馬搭火車去威尼斯了。

　　所以,我決定今天早上自己先來,孩子跟老婆自己先去火車站,我看完,再立刻搭車過去火車站會合。

　　一早，我們一起退完房，我就搭公車到梵蒂岡了。在聖天使廣場下車，一路沿著台伯河畔走到了協和大道，進入協和大道沒多久就看到了傳說中的中華民國國旗，被高掛在三樓的位置，下面是加拿大的國旗。這一幕對一個出來旅行超過半年的台灣人來說是非常感動的。

　　跟一般旅人一樣把相機拿出來，想跟國旗拍兩張。然而正當我在自拍的時候，耳邊突然傳出一句熟悉的台式國語：「需要幫忙嗎？」我轉頭發現一個台灣正妹出現了，一問之下才知道她是大使館的人員，我當然需要幫忙啊，這麼棒的地方。拍完照之後也跟她聊了一下，聊了一些旅行的東西，以及看見他們的感動。

　　就在此時此刻有人走下來了，身旁還有外國人陪伴著，正妹幫我介紹說那是大使，我一看，氣質真好的一位大叔，能夠在梵蒂岡親眼看到我們中華民國的駐教廷大使真的很感動！這邊要說一下，梵蒂岡是一個城市名稱，教廷才是國家名稱，這位大使是我們駐教廷第十任的大使，李世明先生。

　　雖然看起來他有事要忙，要送神父之類的，但他還是跟我聊了一些，還說

有東西要送我，然後就從口袋掏出了皮夾。我心想是錢嗎？難道他那麼懂我需要錢（誤）？還是名片呢？抽出來的是一張中華民國國旗貼紙，我想此時此刻，沒有什麼禮物比這個更好的吧！

我不敢打擾太久，於是先行告辭，繼續往廣場方向前進，幾乎是用跑。到了現場才發現已經上百人在排隊了。心裡無奈，還是揹著大背包進入了排隊的隊伍。這一排就排超過了一個小時，眼看火車要開了，我遲遲無法到入口處，要放棄掉車票再買一張需要台幣兩千多元，而且也要讓老婆孩子們先去威尼斯也不太好。所以最後我還是放棄了進教堂的想法，轉身離開。

離開的時候，我看著那飄揚在協和大道的青天白日滿地紅，內心還是充滿感恩與感動的……

一個國家要存在必須要有其意義及靈魂，如果喪失了國格及靈魂，是不是國家或許就不是那麼重要了。我始終為自己身為台灣人感到驕傲，並且還是努力將台灣帶出去，讓全世界知道我們是台灣人。

《雅典學院》拉菲爾

斯洛維尼亞／盧比安那

讓我們愛上歐洲的城市

其實一路一直走到威尼斯的時候，都還覺得歐洲對我們來説，不及於我們熱愛印度或泰國。然而旅途中的風景卻是瞬息萬變，我沒料想到讓我們真正愛上歐洲的不是西班牙巴塞隆納，不是法國巴黎，不是義大利、威尼斯這些大家熟悉的城市，而是鄰近義大利的東歐小國，斯洛維尼亞。斯洛維尼亞的首都盧比安那（Ljubanna）太美麗了，這個首都沒有大城市的喧囂雜亂或金錢味，而是充滿著歐風的悠閒，以及古老舊城的醉人風情，更沒有昂貴的物價，每走一步都是讚嘆。 這個城市已經打趴了這旅途近兩百天來，本來我們心目中最美城市第一名的以色列耶路撒冷，躍居 Sunny 背包流浪記環遊世界紀錄中，最美城市之首 - 盧比安那（Ljubanna）。

旅行小日記 ⓑ️**小羽**

我已經跟爸爸媽媽玩了 193 天了，有時候為了讓弟弟們坐推車，我只能一直走，有時候好累好累，但是，我喜歡旅行，所以，我不會放棄的！在歐洲看到很多大哥哥用滑板車，我很喜歡，爸爸媽媽也覺得這個很適合我，只是一直沒辦法買。不過，最後終於在斯洛維尼亞這個國家，我靠自己努力得到滑板車了，接下來要騎去環遊世界！

克羅埃西亞

火車上的旅行沉思

　　昨日搭火車穿過斯洛維尼亞與克羅埃西亞的邊境，兩國的海關上車盤查做出境與入境的作業，過程簡單的對談，要去哪裡？有什麼計畫？幾分鐘的時間，行李也沒看就已經結束了，隨著火車緩慢而穩定地啟程往前進，我們跟孩子討論著護照裡的印章，不一會兒孩子們又安靜了下來睡去，我翻著自己的護照，翻著回憶⋯⋯

　　我人生裡第一次出國，是 2009 年 11 月，那是我開始工作之後，用著自己存下來的錢和好朋友 Red 一起去了香港自助旅行，2010 年帶著母親去日本關西旅行，那是她四十多年來第一次的出國，接著是 2011 年，和啟文相會在印度，有小羽的 2012 年我們一起去了東南亞六個國家，然後每年持續旅行，孩子增加了，我的母親和你的奶奶都曾與我們同行，現在 2017，經過八年，一本護照效期十年，也就是說我的第一本護照至今還在使用。

　　從第一次出國旅行，到現在踏上了環遊世界的道路，尚未十年。

此行前，我翻著自己的護照空白頁不超過十頁，趁著小羽換新護照，一起去加頁，承辦人員翻了翻說還有五頁以上，照理是不需要加頁的，我才說了我們將要去環遊世界，對方看著我們三個還小小的孩子，眼神充滿訝異，這樣的眼神，一路走來倒也習慣了，我們知道這個世界上有許多和我們一樣帶著小小孩背包旅行的父母，但畢竟不是常態的多數，或許對大部分的父母來說，做出這樣的決定，並不容易。

我想我有足夠的幸運，我愛上的人，承諾過我，在世界的旅途，我們將形影不離。

我並不常回首來時的路，旅途於我而言都還在眼前，但手上這本小小的綠色冊子，上面印有我最愛的台灣，裡面乘載的，是我的青春年華，是我的愛情，我的家庭，是我過去的、現在的，甚至未來的人生。

如夢境般的旅途

還來不及細想，火車已經停靠了站，來這裡之前總是記不得的地名，為什麼會來到這裡呢？

恍如夢境。

都是真的。

在這個茫茫人海裡，我們有默契的搬動著行李，張羅著找廁所找遊客資訊站，搜尋免費的 Wi-Fi，一切都那麼自然而然，沒有初抵陌生城市的雀躍驚喜，這裡的溫度和風的味道如昨，沒有什麼太大的不同，甚至因為盧比安納太美，我擔心我會對新的城市失望。

看著小羽騎著滑板車，像是光，驕傲美麗的往前射去，車站前方是開闊的公園，公園裡的大樹開著粉紅色的花。

啊，是春天了啊……

找到了新的房子，我們稱作為家的地方，白色的房間裡，有一個靠窗的書桌。想再繼續思索著護照裡的故事，開了音樂，手放上了鍵盤，一杯熱的燙舌的果茶，片刻才發現，自己寫不好春天，盡是樸實的幸福。

捷克／布拉格

五小時雙城記，布拉格與維也納

　　我們一家人從奧地利維也納搭乘奧地利國鐵來到了捷克的首都布拉格，兩個地名聽起來都很浪漫很遙遠，卻只用五個小時的時間及一個人約 600 元台幣的價錢，從 A 走到了 B，歐陸旅行移動確實方便。

　　布拉格這邊的物價比維也納便宜多了，我們住的地方位於老城區，就在老城廣場旁 60 公尺的地方，一走出去就是最最熱鬧的廣場以及那些古老的建築。當然，建築本身就是古老的建築，至少有三百年以上的屋齡了，台灣不知道能不能找到這麼老的房子呢？

　　抵達的時候是下午六點左右，從火車站走來老城區大約二十分鐘的時間，一路上都是磁磚路或是不規則的人行步道，小羽的滑板車只能用扛的。

今天起了個大早，因為這次的房間只有一張大床，所以我又睡地板了，早起的好處就是可以好好看個國際新聞然後幫老婆小孩準備早餐。在小廚房裡，烤個吐司，煎幾顆蛋，加上一些水果就搞定了。

用完早餐後，中午氣溫剛好 16 度很溫暖啊，就打算出去散步。在市中心，走到哪，哪裡都是景點。

一走出來看到的是老城廣場，旁邊是會有整點報時的舊市政廳天文鐘，孩子們被那廣場中間站著拉泡泡的街頭藝人吸引，給點小費，孩子們跑來跑去追泡泡，一玩就是半小時。而廣場邊有幾個攤販，我想這或許是來布拉格必定要吃的小吃吧！我們先吃了 60 克朗 (約 70 元台幣) 的現烤大香腸，後來因為好吃又多買了一根。

站在路邊小桌吃東西的時候，隔壁的美國德州來的夫妻帶著一個兩歲的女兒來這邊旅行，看到我們帶三個覺得很驚訝，他說他帶一個就快受不了了，其實我們也是慢慢習慣的啊！

老城廣場周邊有許多教堂、餐廳、精品店等等。例如 Cartier、LV、

Fendi、Tiffny&Co、Prada 之類的，宛如香榭大道一樣。我們隨意走進了幾間看了看，發覺在這邊並沒有比較便宜的説，難怪沒什麼遊客去逛。

一路走過精品街，穿過猶太區，會看到一座橋，橋下是伏爾塔瓦河（Vltara），河的對岸是一整座橫躺的山，綠綠黃黃的，這一段真的滿漂亮的，但現在這個季節來還沒萬紫千紅，如果下個月來可能會更好喔。對岸山頂上有個建築，遠遠看像是的小金字塔，是知名的地標「布拉格節拍器」（Prague Metronome），本來是史達林的雕像，後來捷克共產主義崩潰之後就改建成這個巨型節拍器。

我們坐在橋邊，感受一下歐洲的風味。玉婷拿出手機跟小羽想抓寶可夢，一打開發現河的對岸有什麼章魚類的寶可夢，小羽想要去抓，於是我們就走過橋，去了河的對岸。從橋上看河水以及那些船隻還真的挺壯觀的，橋上還有很歐風的雕像，好美啊！

來到了河的對岸，發現寶可夢看起來像是在山頂上，就是在節拍器的地方。要上去必須要走過幾百階的階梯。我先表態我可以，只要兩兄弟自己爬，我抱著推車跟小多沒問題的，小羽馬上表態說為了寶可夢他要爬，一路邊走邊玩，孩子們在撿掉落在的的松果，撿得很起勁，一下子就到山頂了。

　　山頂上，可以坐著俯瞰整個布拉格的城市景觀，以及河流的走勢非常的壯闊，值得推薦，雖然辛苦，但是值得。這是一個很大的公園，有點像我們高雄的壽山，靠近忠烈祠那種感覺。至於寶可夢有沒有抓到呢？答案是上來之後，又跑不見了。不過小羽並沒有因此難過，反而是很看得開的跟我說又跑掉了。

　　一家人出外遊玩像這樣沒有預設目的，隨意行走，然後一起決定去某個地方的型態很好，有種冒險的味道存在，布拉格處處是景點，還滿適合這樣玩的。我們大概花了一整個下午的時間在走路，整個城市幾乎都是中古世紀留下來的建築，還看到了知名的跳舞的房子，路上穿梭著不同的輕軌，別有一番風景。

旅行小日記 by啟文

從亞洲到非洲然後到歐洲，始終不變的是小多常常被圍觀拍照。粉絲遍布全球的他，走在街頭坐在娃娃車上回頭率超高，不論是阿妹仔或大嬸阿姨通通吃得開，一個微笑都讓他們陶醉，有時候甚至被伸出鹹豬手，還要仰賴兩位哥哥當保鑣，維持現場秩序。在捷克布拉格的藍儂牆，小多當時只是想去牆邊坐一下，玩著他的飲料盒，誰知道他一走過去，然後坐下來，馬上吸引到附近的漂亮大姊姊爭相拍照，看到這種顏值，當爸爸的我真的汗顏，這是小鮮肉的世代啊！

德國／德勒斯登

在德國德勒斯登
遙想高雄德勒斯登

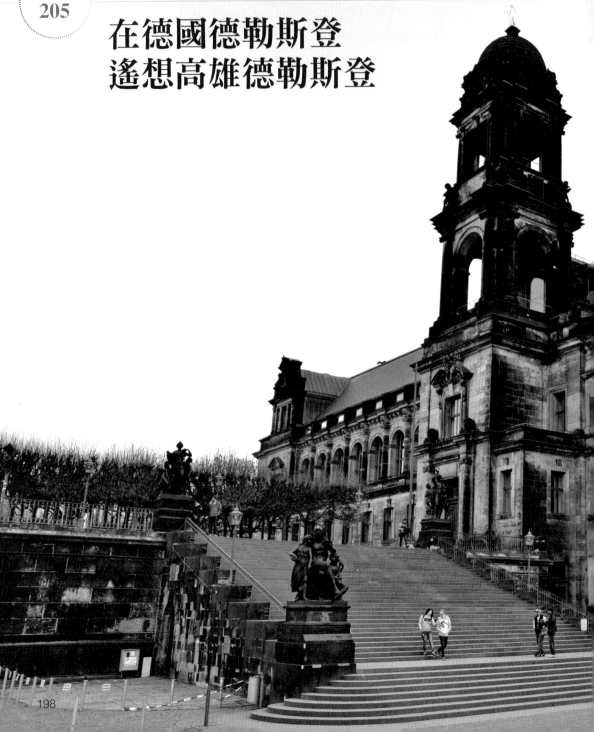

在美麗的童話小城布拉格待了五天之後，今天要前往德國德勒斯登了。其實布拉格跟德勒斯登距離沒有很遠，大約一百六十公里而已，搭火車兩個小時又十五分鐘就到了。

一般來到德國的旅客，會到德勒斯登的人不多，大多前往柏林、慕尼黑、漢堡等其他大城。我會想去不是那裡有什麼景點，只是好奇這個城市長什麼模樣而已？為什麼好奇呢？這就要講到我的工作了，我們夫妻倆都在高雄當房仲，高雄愛河之心旁邊有一棟大樓，就叫做「德勒斯登」。每天看著他高大的 28 樓聳立著河岸第一排，我就好奇他為什麼取名叫德勒斯登？

　　其實我覺得很奇怪，為什麼有些建商案名很愛取國外的城市名稱？例如：雪梨、巴黎、米蘭、布拉格、紐約、曼哈頓、羅馬、柏林、京都、河歌山（和歌山諧音）之類的。取這個名稱有什麼特殊意義嗎？還是這棟大樓的精神就是以該著名城市的精神來設計及興建呢？其實我認真看了看，大多大樓給我的感覺根本跟那些案名搭不上邊阿？取這名字就是好聽，但搞不好紐約跟雪梨的建築設計圖都是一樣的？好吧！這部分我就不多做評論了，以上這些城市我大多去過，說實在的要聯想在一起有點牽強。

　　至於德勒斯登，我知道高雄那棟是巴洛克風格的豪宅建築，所謂巴洛克式的建築大概就是十七世紀歐洲建築藝術風格的總稱，這風格意味著運動、追求新奇、熱衷無窮、不安與對比，以及各種藝術的大膽融合。目前在歐洲幾個大城市的主要建築遺跡很多都是巴洛克式的，尤其在義大利羅馬。我們所看到的教堂許多都是巴洛克式的，例如著名的梵蒂岡大教堂。我查了查資料，德國的巴洛克式建築是德國的建築師留學義大利，然後把這風格跟德國的建築風格相結合所呈現的。

　　我現在正在德勒斯登一棟大樓民宿，眼前是一小片綠地及一大片的歐式紅

屋頂別墅群。對我來說這個城市跟東歐幾個城市的印象差不多，步調緩慢、綠地多、馬路大條、環境整潔；空氣非常清新。從德勒斯登火車站搭乘輕軌到我所租的大樓五站的距離，沒有看見任何巴洛克式建築，我想老城區應該不少，畢竟根據維基百科記載，這城市擁有無數個巴洛克建築，更是歐洲最美城市之一，還有個名號叫做「易北河上的佛羅倫斯」。

　　我想，如果建商取這個案名，是將精神賦予在這棟大樓，並且用心去營造，那絕對是很棒。德勒斯登是多麼遠離塵囂，擁有大量綠色植披，悠閒生活的城市啊。博愛一路本身就是個喧囂的商業鬧區，但旁邊有愛河之心、綠帶公園，如果大樓的管理及隔音做得很好的話，或許能給人一點德勒斯登的味道。

　　以一個旅人的身分來說，走過德勒斯登之後，我回頭再看看高雄的德勒斯登，我認為這個案名取之有道，既有巴洛克的精神，不算亂取，沒有糟蹋了那塊寶地。

　　最後，我認為建商在銷售一棟大樓的時候，希望可以多說一些故事，將大樓的精神傳遞給客戶，因為我在網路上查到的資料並沒有寫到這一些，對於這兩個區域的德勒斯登更沒有任何的連結，可惜了一些。

德國／德勒斯登

又！訂錯車票了

晚上八點才天黑，結束了今天德勒斯登老城區的漫步之後回來，其實內心滿疲憊煎熬的，不是因為外面天氣冷，也不是因為明天要離開而不捨，而是又多花錢了。

在抵達德勒斯登當天，我們便預訂了 4 月 4 日前往柏林的火車票，兩個人共 38 歐元，想說既然都知道何時要離開了，不然就先訂好了。

因為柏林找住宿不太順利，幸好最後有在柏林的台灣人願意讓我們沙發，所以解決了這個問題，而也因為聯繫的過程中，他說要來車站街我們，便先把車票傳給他看。沒想到發現這張票的日期是 4 月 11 日，整整差了一個禮拜。

我們去了火車站 DB 票務中心問，由於是優惠票價，不能更改日期或是退

票，加上有記名也不能轉賣，所以只能重新花 44 歐買票。

六年前在印度，我們兩人要搭臥鋪火車從瓦拉那西去阿格拉，因為臥鋪夜車必須提早去訂票，否則很難搶到床位，所以我大概提早幾天就訂好了，而到了當天我們到車站，要查詢座位的時候對了一下票，才發現我的訂日期是隔天的票。整個崩潰啊！兩張臥鋪的票就這樣浪費了。我們本來可以安穩睡臥鋪的，最後只能買到最低等級的車廂，這個是印度人常常逃票用的車廂，擠爆的人潮，我們就蹲坐著搭了超過十二個小時的火車。

事隔六年，又再次發生，真的是令人哭笑不得啊！不過慶幸有提早發現這個問題，而不是上車才發現，搞不好又要被罰款呢！

不管發生什麼事情，生活還是要過，幫小孩洗澡刷牙、說故事哄睡，還是快點打起精神振作起來吧。

旅行小日記 by 玉婷

我看過許多絕美的鐵道風光，今天從德勒斯登到柏林這段，也能排上榜，雅緻清淡，大多是淺淺的綠，遠的、近的，我們一家獨享一個包廂，兩個小時短短的路程，我很喜歡。途中下錯站，幾位好心的德國人馬上讓我們回歸正常的道路上，遲了不過幾分鐘抵達目的地而已。朋友等在那，一切都好。柏林是陰天，但我覺得挺有溫度的，打從心裡的。

DAY 209

德國／柏林

我們在愛因斯坦 念過的大學裡喝咖啡

這幾天，我們在柏林沙發一個台灣朋友的家（學生宿舍），明育來德國學德語，今天他帶我們走市區，看了柏林圍牆、歐洲被害猶太人紀念碑、恐怖地形圖、柏林愛樂等等，也做了完整的導覽，覺得很充實。

最最令人印象深刻的不是景點，而是他帶我們去愛因斯坦念過的，名列世界百大大學的紅堡大學裡喝咖啡。這間咖啡廳拿學生證點餐是有優惠的，咖啡 0.8 歐，牛奶自己隨意加。所以我們托他的福，享受了一頓校園裡的便宜午茶。

我們好喜歡這個空間，因為在知名學校內，也不是旅遊景點，裡面的幾乎都是大學生，很認真的討論課業或獨自 K 書，一旁整面牆高大的書架，上面還有不少藏書，整體空間採光氣氛都非常好，頓時讓我回到大學時光，戰鬥力無限。

聊了許多人生與國外的故事，除了吃喝聊天外，也感受了學校咖啡廳的書香味，就算街頭的德國人顯得冷淡，至少這間餐廳是溫暖的，東西是好吃的。

離開的時候在學校門口的二手書攤買了本梵谷的畫集，只要 5 歐好便宜！回頭才發現內文是西班牙文，除了圖片沒有任何一個字看得懂！我們買的是氣質啦～

旅行小日記 by 玉婷

我們去了柏林的郊區，搭船遊萬湖（Wannsee），那是一個好美的地方，孩子們在湖畔的草地上奔跑，又在一個像海盜船的兒童遊戲場爬上爬下的，很適合慢慢地悠閒的感受這地方。回程的時候，抵達碼頭，看到碼頭旁有個小公園，孩子們衝去玩沙，爬繩索。 突然看見有三個德國小孩，手上拿著金屬探測器的儀器，一個人在掃瞄砂土，一個人手拿鏟子挖土，鏟不到三下就發現一枚 20 分的歐元，德國不愧是工業大國，連小孩的玩樂都那麼厲害。

德國→丹麥

火車上不能亂看電影，太邪門了！

　　我們這幾天在漢堡去了微觀世界、易北愛樂、搭船遊河、城市公園、Dam兒童遊樂園等等，接著要搭火車到丹麥的腓特烈港（Frederikshavn），途中預計在德國跟丹麥邊境的弗倫斯堡（Flensburg）轉車，連結去哥本哈根的中轉站腓特烈西亞（Fredericia），中午十二點四十分出發，最後預計抵達丹麥腓特烈港的時間是晚上八點二十分。

　　德國的列車滿帥的，有分上下兩層，看起來很厲害，速度也滿快。從漢堡駛離，窗外的景色一片綠油油，偶爾會出現一棟棟歐式的別墅與庭院，真的很美。

　　小孩子在看風景發呆，一邊吃著我們在漢堡的漢堡王買的漢堡，我則是拿出筆電，想看部電影，想說既然搭火車，就看了相關電影吧，於是就找了部名叫「地鐵」的俄羅斯電影。這部災難片其實滿精彩的，故事內容是描述因為隧道漏水，但沒人檢修，造成一列載滿人的火車因為煞車不及，撞在隧道內，死傷慘重。

火車故障，第一次延誤

　　然而就在我看了前一個小時左右，覺得好過癮，突然感受到列車速度變得緩慢，還前進後退了幾次，我沒去多想，後來發現真的太慢了，我騎機車都比他快，也比對了一下時間，發現不太對勁，尤其在看了電影之後，內心更感到不安。車上廣播了幾次，但我們聽不懂德語，根本不知道在講什麼，後來有個好心人來跟我們說，這台車出現問題，全部人必須在下一個車站下車，等下一班車繼續前往弗倫斯堡。

挖靠！怎麼這麼幸運？火車故障這種事情都能被我們遇到。

這意味著本來我們接下來要轉的兩班車必定銜接不上，但也只能走一步算一步，下車後，在寒風中等了半小時，所有旅客都滿理性的，打電話的打電話，陪小孩玩得陪小孩玩，怕冷的就自己發抖。

轉車掉行李，再次延誤

下一班車終於到了，我們再度上了車，這時才想起來，我們早上為了去北歐，特別去超市買的一整袋食物，袋子還放在月台邊，來不及拿，就這樣離我們遠去。到了邊境的佛倫斯堡站，我們已經遲了整整一個小時，下一班車還要再等一個小時，針對車班延誤，站務員每人發送一張 2 歐元的 DB 餐券。後來知道我們因為轉車丟了食物袋，又看到三個孩子，多給了我們三張，德國人真的很暖心。

這一延誤又多了一個半小時，我們先請站務員，幫我們打電話聯絡丹麥住宿的屋主，請他延後來接我們。我們用餐卷去換食物跟冰淇淋後，接著回來搭前往腓特烈西亞的火車，丹麥的火車是黑色的，裡面的座位很寬敞，也有Wi-Fi，車上還有販賣機，我第一次看到還以為誤闖 1Class 呢，大約一個半小時的車程，中間所看到的丹麥景色，主要都是港口與大海，今天天氣不好，灰濛濛的，就像我們今天的火車旅程，非常蕭瑟啊！

晴天霹靂！三次延誤！

在腓特烈西亞等待前往腓特烈港的火車，我們仔細地核對月台、發車時間，信心滿滿的搭上火車，上車剛坐定準備給孩子吃點心，這時候發現到火車跑馬燈上面顯示的停靠站怪怪的，我們馬上去找車長詢問。

得到的結果晴天霹靂！

原來我們月台正確，發車時間也正確，但這一輛火車分成前後兩段，從腓特烈西亞出發後，會前後分開往不同的方向前進，天啊！我們從來沒遇過火車還能分兩頭發車啊！又學了一個經驗，立刻準備換車挽救錯誤。

形容事情「一波三折」顯示其辛苦，但我們是一波三十折啊！抵達目的地已經延遲了四個多小時，丹麥又濕又冷的天氣，迎接我們的是半夜仍在月台等候我們的民宿主人，一個大大的擁抱，在我們歷經十一個小時的移動後，徹底的溫暖溫柔的接納了我們，一切的辛苦波折都被撫平了。

CH 6

一路向北

如果你有一筆錢，你想做什麼？
對我們來說……
想要跟孩子一起看世界，想要陪他們長大。

瑞典、冰島、英國、加拿大

丹麥／赫約靈

全世界都客滿了，
我們天地為家露營去

　　愉快的早晨，安靜的不可思議，昨晚不小心就跟著兄弟們一起睡著了。畢竟我們昨天中午從瑞典搭郵輪過來，搭了火車，又走了兩公里，實在頗累。

　　在復活節的當天我們的旅程竟是如此的充實，因為所有飯店幾乎客滿，僅剩的空房都是很貴的，後來在訂房網站找到了這個露營區，一晚只要約 1,800 元台幣，位於赫約靈，剛好是我們從腓特列港要去希茨海爾斯港的中轉站，缺點是下了車站後要走兩公里的路過來，晚上八點後就沒公車了。

　　我們在寒風中走了約四十分鐘，街頭鮮少人跡，街景十分美麗，北歐的經典建築，家家戶戶都有美麗的庭院，車庫裡停著可愛的露營車。最終我們穿過樹林順利的找到了這個營區，一個被森林包圍的遺世之地。

　　這營區好大，有木屋區、露營車區，我們都非常興奮。櫃台就算是營本部，櫃台人員很開心的迎接我們，畫地圖告訴我們衛浴在哪、廚房在哪，而我們的小木屋裡也有個小廚房，並且把我們本來預訂的 425 丹麥克朗的房間升等為 500 丹麥克朗的房間。

　　我們也聊了有關我們旅程的故事，對於帶三個孩子環遊世界，他們也都是瞠目結舌啊！

　　營區夜裡不太亮，但轉角都有燈，順著地圖找到了我們的木屋，跟孩子們一起滿懷期待的開箱，隨之而來的是滿足的歡笑聲「好棒喔！有廚房、冰箱、上下舖、餐廳、還有爸爸睡的沙發。」對我們來說這樣子的住宿的 CP 值遠遠大過星級飯店。

　　旅程一路走來七個多月了，我們曾經在印度及斯里蘭卡住過樹屋，但在北歐住露營區的木屋，還真是不同的感受呢。

　　放好東西後大家分工合作完成了一頓熱騰騰的晚餐，小多負責掃地、大哥二哥負責打蛋、媽媽負責煮、爸爸負責監督。晚餐是加了很多料的丹麥泡麵，還煎了一些熱狗跟蛋，可能是天氣冷，本來不喝湯的小羽也跟著喝了，在幸福歡笑聲中我們度過了在營區的晚餐。

　　這一幕讓我想起了在中學時期的童軍生活，其實我的人生歷程，童軍對我影響頗大，讓我喜歡野外生存，擁有不懼艱難的態度。以前一個人當背包客的時候是自己帶帳篷，現在有了孩子，這樣子的國外長途旅行帳篷就比較不方便，但換個方式住露營區真的是很棒的選擇呢。

　　洗澡時間到，這邊浴室是要插卡才有熱水的，很有趣的機器，我們跟小羽一起洗澡，一起吹頭髮，聊了好多的事情呢。我覺得親子旅行聊天也是很重要的，也許我們這輩子聊最多天的時刻，就是在這段旅程中了吧？這孩子很乖，很勇敢，遇到困難都會努力嘗試。就像走來營區的路上，雖然很冷且要走很遠，

但他不吭一聲的走完，滑板車溜得飛快，溜不動了就用走的，還會幫忙拿手機導航，令人感動。

經過了這一回合的住宿搜尋記，我們相信天無絕人之路，再度確信上天早就為我們備好了路，後來小羽發現露營車，這也影響了我們後來的行程呢。

我想著未來某一天再回頭看看這段旅程，嘴角一定會露出微笑的，我們一家人一同經歷過這麼多的故事，住過超多樣形態的房子，從青年旅館到五星級飯店，從當沙發客到豪宅，在未知長途的旅行中，我們也發現，母親的角色真的帶給孩子很多安定的力量，好像有了媽媽，再大的困難都不怕了，然而，在媽媽前面，還有著爸爸在更前面破風。

還有一個振奮人心的好消息，露營區老闆主動說要開車載我們去火車站，真的太棒了，這世界上真的有許多好人，不斷的在寒風中為我們送暖，這一路上都是。

下一站，冰島。

旅行小日記 **by** 玉婷

要從丹麥去瑞典 - 哥特堡住一晚了！依依不捨的告別超夢幻民宿，我們像登機一樣的上了船，豪華郵輪穩若泰山，車子都可以開上來！孩子們在遊戲室玩瘋了，船上有 Wi-Fi，我想以後有船我就選船，其次火車，然後是巴士，最後才能輪到飛機了～

我們住這裡
Hjørring Camping & Cottages
地址：Idræts Alle 45, 9800
　　　Hjørring, Demark
電話：+45-98-90-96-00

DAY **217** ▶ DAY **219** 丹麥→冰島

我們在北海航行，前進冰島

在郵輪上的四天三夜生活，其實，有點愜意。

我們超愛五樓的餐廳，在兒童遊戲區旁邊找一個靠窗的位置，配置有插座可以充電，大部分的時間是拿著筆電坐在餐廳整理照片、寫寫日記。

有小孩子的家長通常都在這一區，這裡有大型的溜滑梯可以攀爬，地板都鋪了軟墊，很安全，也有電視可以看卡通，我們家三兄弟，在這邊可以玩上一整天，同時也交了好多朋友，而在一旁的家長，彼此聊聊天互相認識一下。

晚上吃完飯後，可以去船上酒吧喝酒，有現場樂團演奏，大家都很 High。喜歡逛街逛物的人也可以去商店走走，賣了許多防寒衣物、化妝品、精品、食品、玩具之類的。除了喝酒、喝咖啡、游泳、賭博、電影院，頂樓的前端甲板也是個看風景的好地方，許多熱愛攝影的高手也都聚集在甲板不斷拍攝呢。

　　唯一美中不足的就是，我們暈船了。

　　還好在經歷過兩個晚上後，暈船的狀態已經好多了，第三天早晨，聽見遊輪引擎熄火靠港的聲音，這便是抵達了停泊港 - 法羅群島的（Tórshavn）港口。

　　溫度很低，但沒颱風下雨有陽光，就是好天氣。從甲板上看島上的建築真的非常的美麗，許多紅色、白色、彩色圍牆，草綠色、咖啡色屋頂，濃濃的歐洲童話風情，在藍天輝映及寒冷的氣溫環繞下，旅行的味道很豐富。

　　孩子們精神抖擻的喊著「出發！」今天是禮拜一，不知道是不是因為復活節的關係，九成的商店都沒有開門，只有一間超級市場還有咖啡廳有開門，看看乾淨的街廓，美麗的房子，素雅的街角，把鏡頭往哪裡擺，都是風景，能夠享受一個安靜、空氣清新的美麗法羅群島，島上幾個制高點有一些紀念碑之類的，還能看到燈塔，路上偶爾還會看到綿羊，真可愛。這感覺有點像是來到了蘭嶼，但是歐洲版的蘭嶼，峽灣碼頭邊有許多遊艇，整座城鎮依山而建，所以要走一些上坡路。我們隨處遊走，逛逛超市、公園、享受大自然。

　　回到了船上，我們在兒童遊戲室旁的窗邊位置坐下，那裡是我們固定的位置了，每天除了睡覺，大多時間都在這裡，無敵海景吃到飽，以為會看膩，但大海是大海，有時平靜無波，海鳥貼著海面疾行；有時遠方會有小島，不知名的島嶼頂端有著靄靄白雪，或者驚滔駭浪綿綿大雨，這時我是不看海的，會讓我的暈船狀態更糟糕，但風雨有時，晴天有時，現在安安穩穩的行駛，窗外藍天白雲，我有一段幽靜的時光。

冰島

果真是冰島啊！

　　航行第四天，表定九點靠港，靠港前從甲板前端望出去的景色，真的震攝人心。

　　如果要用最貼近的詞來形容，那麼「兩岸猿聲啼不住、輕舟已過萬重山」是此景最美的寫照。我們行駛在峽灣之間，兩岸都是連綿皚皚的雪山，整個世界猶如冰封般地極美。顧不得零度又下著雪的的氣溫，即便穿著夾腳拖，還是跑到了最前端，「果真是冰島啊！」趕緊回頭叫醒還在睡的大家上甲板來。

　　一家人在甲板上一起享受著人生中最美的一刻，望著兩側雪山呼呼的消失，前方一座又一座的驚奇雪景，太興奮了。孩子們更是開心，直呼：「YA！可以吃雪花了，我們要吃雪花！」

　　這一刻深深地為我們的決定感到驕傲滿足，如果搭飛機到冰島，肯定無法享受這難得的一刻，船上所有的人都非常興奮，快門聲此起彼落，歡呼聲更是不停歇。眼前的美景猶如極光般的奪目，所有的暈船和不適，都已經拋諸腦後。

　　半個小時後，我們直視著郵輪靠岸，賽濟斯菲厄澤（Seyðisfjörður）真的好美，聽說這個小鎮開車很難抵達，又是電影白日夢冒險王滑板及火山的經典所在，我們搭著郵輪過來，真的是很爽啊！

　　冰島，我們來了！

　　港口有個資訊中心，裡面能夠取得很多資訊，也有咖啡和紀念品。我們看著 google 的離線地圖，預計走路可以抵達的獨棟民宿，一路一直有隻黃白相間的貓咪跟著我們，一路走到門口看到貓門才意識到，「牠是來接我們的啊！」

　　房子後面是雪山瀑布，還有一個雞舍，可以和孩子們一起撿雞蛋，我們會一起煮飯，一起圍繞著火爐唱歌跳舞，貓咪整天都在外面閒晃，晚上就會窩在沙發或者電腦前陪我們整晚，第一個晚上就在民宿窗邊看見了北極光，第二天又看見極光，可真是幸運極了。我們開玩笑的說，本來預計在冰島停留十天，就是為了增加看極光的機率，看來可以提早訂機票離開了。

　　我們在這裡短暫停留了兩晚之後，本來要搭公車前往下一個城市埃伊爾斯塔濟，結果當天星期四，是冰島的假日，沒有公車行駛，還好遇到好心人讓我們搭便車，才順利抵達埃伊爾斯塔濟。

　　除了遇到好心人載我們一程，我們同時也在搜尋租車資訊，幾番比價搜尋之後，訂了台 AVIS 租車公司的車，價錢不算貴，車子是現代 i20 小型轎車，

只不過取車必須到埃伊爾斯塔濟的機場。

　　於是隔天一早，騎著小羽的滑板車前往機場取車，只需要十幾分鐘的路程。沒想到機場沒半個人，租車櫃台也是，機場唯一出現的人，就是二樓的餐廳阿姨，借了電話打給租車公司的人，他才趕過來。

　　原來這邊一天沒幾班航班，如果沒有飛機起降，機場幾乎是放空的狀態。而前來的專員，其實還是個大學生，打給他的時候他在學校呢，真的滿酷的。

旅行小日記 by 啟文

冰島的 AVIS 服務算不錯，有問題的話，信件往來都很快。租租車這個訂車平台也滿不錯的，一來是因為接受 JCB 卡，二來中文網站還有中文客服，如果車子出了什麼狀況或許能夠提供協助。三是，訂車之後他還把我加入冰島租車的一個微信群組，裡面都是在冰島租車的朋友，所以有問題能夠在上面發問討論，還滿不錯的。

至於許多人的疑問會是，在冰島租車是否需要另租 GPS? 我覺得真的不用，買張手機網卡用 google Map 加上離線地圖，就很夠用了。大多的道路都是大條、筆直，很少有機會迷路。

　　後來預定的自排小型車沒了，我婉拒了手排車，沒想到他居然幫我們升級成一台三菱的四輪驅動休旅車，價差約 4,000 元台幣一天，真是意外的收穫！

　　於是開始了我們的冰島自駕行。這幾天雖然經歷了許多雪路、碎石路或是冰凍車體，但把車子顧得很好都沒增加傷痕。車子性能好得沒話說，四輪傳動在冰島就是厲害，不論爬坡或是雪地都是好開的，車內還有 USB 充電插座，空間寬敞很適合我們一家人。

冰島／德朗斯內斯

祕境──絕美露天溫泉

　　來冰島一定要泡溫泉，不是沒想過去知名的藍湖溫泉，但一家人去的價錢實在超過我的預算，遇到這樣的情況，對我們來說反而是轉機，我們最常做的事情之一，就是打開地圖，將我們沿路可能經過的城市周圍，所有的溫泉一個一個篩選，真讓我找到一個絕美的露天溫泉，重點是免費，真是太完美了！

昨天去米湖後沿著一號公路轉北到了侯爾馬維克（Hólmaví）這個冰島西北角的小鎮，民宿旁剛好有個公園，裡面有個足球場，跟孩子在 0 度下的低溫中踢了一場熱情的足球，一起燃燒體力的感覺真是痛快，每一個歡笑聲都深深烙印在我的腦海中……

一早我們來到了德朗斯內斯（Drangsnes），沿途風景一絕，一邊是雪山，一邊是海峽，但由於路況沒有很好，幾乎沒有遊客，這裡在台灣網頁上查詢不到任何資訊，我們有種找到秘密基地的興奮感。

這個溫泉池就在路邊，在池子裡看著海峽，此時飄著細雪，脫下浴巾皮膚接觸到冷空氣微微的顫抖，快快的就跳到溫泉裡面，這裡有三個池子，以水溫高低區分，建議由低到高依序浸泡，小孩可以在最低的溫泉裡一起享受，旁邊有對情侶泡著溫泉，用保溫瓶喝著咖啡，一邊在溫泉池裡打牌，特別的塑膠牌，防水且浮在水面上，真是齊全的配備，人生就該浪費在美好的事物上，盡情享受啊！

旅行小日記 by 啟文

冰島必去的黃金圈（Golden Circle），走訪了美洲版快跟歐洲板塊交界的辛格維勒國家公園（Thingvellir National Park）、地熱噴泉、黃金瀑布、還有地熱發電廠。

在黃金瀑布前，聽說水有點黃色才叫黃金瀑布，但我實在看不出來，不過瀑布前的彩虹滿美的。由於室外氣溫一直處於 0 度左右，真的蠻冷的，很難想像都要五月了，冰島都已經進入夏季晝長夜短，還這麼冷，到處都是雪，真的是神奇的國度。

黃金圈的景點如果是剛進冰島就來看，肯定會很驚奇，不過我們已經走了大半圈，再過來看反而覺得是基本的景色，沒什麼驚豔感，但還是得來看看，至少最後去地熱發電廠有種冒險的感覺，因為走碎石路，路上完全沒有遊客，還有晚上九點半才看到夕陽，體驗沿著暮色回家，卻已夜深的感覺。

丹麥-冰島，超夢幻交通方式攻略

在我們一家五口環遊世界的旅程中，總是喜歡嘗試不一樣的旅行方式。

原定計畫，從德國漢堡搭火車前進荷蘭，再從比利時到英國，最後從英國飛往冰島。但因為復活節，荷蘭的住宿超級貴，加上其實也沒有非得要去，所以一直找尋看有沒有機會從丹麥或瑞典飛英國、冰島的航班。如此一來可以進北歐走走，也一樣可以到冰島。

後來發現丹麥北部的一個港口丹麥希茨海爾斯（Hirtshals），有條渡輪航線開往冰島，是進入冰島的唯一水路。這真是個讓人熱血沸騰的發現，便開始搜尋船公司的資料、票價、航行時間等等。

這條航線每周只有一個船班，航行時間四天三夜，途中會經過丹麥屬法羅群島後到冰島，我們一家五口除了未滿二歲的的小多不收費，其他都要錢，共計花費 724 歐元（約 23,000 元台幣）。郵輪上的床位都是上下舖，一個房間 6 個床位，可以自己選擇床位，我們一家五口，選自己一間房間，不和別人共用，搭郵輪雖然比飛機貴一點，但是再把住宿費用算進去，其實是相當不錯的選擇。

我們從德國漢堡到在腓特烈港停留了兩個晚上，再搭渡輪去瑞典的哥特堡玩了兩天再回腓特烈港，從腓特烈港搭火車到赫約靈，最後再到希茨海爾斯很好玩啊。

旅行小日記　by 啟文

雖然餐點可在訂票的時就先預訂，但我們不建議這樣做，因為要是暈船沒辦法吃東西，也不能退錢，要到船上的餐廳吃飯的話，現場訂餐價格格並不會比較貴，選擇也比較多喔！另外建議先在希茨海爾斯火車站旁的超級市場，添購一些不需要冰或煮就可以吃的食品，因為船上沒有冰箱，也不能煮東西。

你一定要知道的郵輪資訊

郵輪公司： Smyril Line

郵輪航程： Hirtshals（丹麥）- Tórshavn（法羅群島）、Seyðisfjörður（冰島）

訂票網站： http://www.smyrilline.com

丹麥發船港口： 希茨海爾斯（Hirtshals）

丹麥發船時間： 週六下午三點（每周一班）

法羅群島靠港： 週一早上五點

抵達冰島時間： 週二早上九點，賽濟斯菲厄澤港（Seyðisfjörður）冰島東部偏北

票價： 四天三夜一個成人不含餐約 250 歐元、小孩半價

房間選擇： 雙人海景房、四人房、六人房，一個人的話可以隨意電腦排，自行選擇房間需加收費用。

船上設施： 兒童遊戲區、數個景觀餐廳、酒吧、游泳池、三溫暖、拉霸電玩、電影院、紀念品及飲料酒商店、甲板咖啡等等。

英國／倫敦

一直玩！一直玩！一直玩！
英國篇

DAY
231

溫莎堡

　　今天去溫莎堡走了一整天，參觀了皇家禮拜所的聖喬治教堂，和嘉德勳章教堂，也就是英國騎士的最高榮譽，教堂旁邊的馬蹄迴廊可以看可愛的英國衛兵踢正步，享受著溫暖的晴天，今天倫敦回暖一點，最高溫有 15 度，已經可以脫外套了，對我們來說，這個冬天特別長，那些整天泡在海邊跟泳池的日子好像離我們很遠了一樣，旅行很有趣，有晴有雨，有冷有熱，各有不同的風景。

牛津大學

　　我們從牛津火車站走到牛津大學區，牛津大學的各學院其實是散落在市區的，所以走到最後分不清是在學校還是在哪裡？分不清楚誰是學生誰是遊客？校區宛如小小聯合國，各國的人都有，在這邊生活一定很有世界觀吧，牛津大學到處都很美，都是古老的英式建築，泛黃又不髒，隨便找個角落就可以變文青，在學院裡喝英式下午茶，整家人都優雅了起來。

　　我們還去了自然史博物館，裡面有展出許多恐龍和其他動物的化石骨頭，超級震撼，小孩子好開心，重點是免費參觀啊！

DAY
236

倫敦塔橋

　　朗朗上口的童謠「倫敦鐵橋垮下來，垮下來，垮下來⋯」

　　終於看到倫敦塔橋了，我們走在橋上，越過泰唔士河的每一步，
都一起唱著歌。

DAY
237

格林威治天文臺

　　格林威治天文臺的庭院裡，本初子午
線就以不銹鋼小條作為標示，一開始的格
林威治平時（GMT）就是以格林威治的觀
測作為基礎的時間，GMT 現在又稱為世
界時，是各地活躍的天文臺觀察來自銀河
系外的無線電源後計算出來的。

　　天文台下方是一個大大的公園，小羽
問我能不能在草地打滾，還約我一起去，
所以我們就一起在草地上滾來滾去，後來
爸爸想幫我們拍照，拍完小孩們一湧而上
的一起去看相片，大家笑的好開心

DAY
238

大英博物館、倫敦眼

　　參觀完免費的大英博物館，散步到泰唔士河畔看倫敦眼，倫敦眼原先是為了慶祝 2000 年的來臨所興建的摩天輪，故又稱為千禧之輪，站在泰唔士河畔，不論從哪個角度看他都是非常顯眼的地標。

推薦美食-炸魚薯條

倫敦有很多這種餐廳 Fish & Chips，主要的餐點就是炸魚跟薯條。小羽最喜歡吃魚肉，小多也是，所以他們都很開心。老婆非常著迷脆脆的外皮，所以我幾乎是搶不到皮的。

一般吃炸物喜歡加番茄醬，在這邊則是習慣加醋，聽說可以去油解膩，加點麥芽醋，會酸但不太酸，搭配炸得脆脆的魚來說真的是絕配！

大笨鐘

DAY
238

　　我跟老婆說想拍張背影，於是面對大笨鐘，擺出帥氣的姿勢。等待後面的快門聲響起。隱隱之中感覺到小孩很開心的在後面玩耍，很快地快門也響了幾聲，老婆跟我說拍好了，很帥！把相片存到電腦，打開來看，這女人口中所謂的好了，竟是這樣的照片？！

　　這也算是特別的旅途相片吧？

DAY
240

白金漢宮

　　我們從聖詹姆斯公園慢慢地散步，這個公園占地遼闊，美麗的草皮和大樹，溫暖的陽光穿過樹梢灑下金黃色的疏影，許多的男女老少或坐或躺的在公園各處享受陽光，孩子撿起了樹枝揮舞奔跑，有時跌倒在軟軟的草地上，仍然笑著起身繼續玩耍，這樣的單純，感染了我們。

　　到白金漢宮也是看衛兵，內部沒有開放參觀，對面是維多利亞女王紀念碑及水池，紀念碑和林蔭路另一端的水師提督門遙望相應。

柯芬園

DAY 240

倫敦時常會遇上大霧或者下雨天，這時候就很推薦安排逛柯芬園，這是一個充滿氣質的市集，有販售很多的手工藝品、服飾、首飾、家飾等等，也有甜點、冰淇淋、咖啡店，店若是想要買知名的威塔斯茶坊（Whittard）英國茶這裡也有茶坊喔，廣場隨處可見的街頭藝術表演，是一個老少咸宜，大家都能逛得心花怒放的好地方呢。

DAY 241

郊區小鎮 Cotswolds

當地朋友 Grace 一家人帶我們去英國的郊區小鎮 Cotswolds，是由一些簡樸可愛的建築搭上夢幻環境的聚落所組成的，有小橋流水，充滿歷史感跟鄉村風格，拜伯里（Bibury）可以看到淺淺純淨的河道，一旁還有天鵝及綠頭鴨陪伴，水清澈到裡面的魚清晰可見，完全沒有被汙染的跡象。

是一個很熱門的景點，觀察當地旅客多數為銀髮族，如果家裡有長輩出遊，不妨加入必訪清單。

加拿大→美國

入境美國的辛酸歷程

　　旅行中真的會遇到許多突發狀況，有時候都覺得已經習慣面對問題了。但是，沒想到還是發生了刷新記憶裡辛酸排行榜的事件。

　　我們一直以來都有在關注各國的入境規則，包括美國。我們台灣護照入境美國是免簽證，但一般來說必須先上網申請一個表格叫做 ESTA，申請費用 14 美金。外交部的網站有寫到，如果是經由陸路進入美國是不需要填這個 ESTA，而是在入境的時候另外填寫 I-94W 表格。

　　昨天從英國搭了十個半個小時的飛機到了加拿大溫哥華，再從機場搭火車到市區火車站。

　　我們到了太平洋中央火車站，買了五點三十五分的火車票，由於是國際列車，上車時就需要辦理好過境手續，移民局會在十五分鐘前關站，我們報到時

移民局要求出示 ESTA，大概有三、四個人在看我們，這時有解釋說我們不需要 ESTA，而是填寫 I-94W 表格，但移民局官員堅持要 ESTA，我們表明沒有申請，他們立刻就說那不能入境美國，必須要立刻去窗口退票。

儘管覺得很懊惱，還是只能走出關口，看見一位女子在關口前因為晚了一分鐘被移民局擋在門口而淚灑現場，嘆一口氣，我們現在的狀況也好不到哪裡去呢。

入境大作戰

其實不能入境美國也沒什麼大不了，但因為約好了沙發主，人家一早就在準備迎接我們一家，實在不好意思。當下現場安管人員有告知我們一小時候有最後一班巴士前往西雅圖，現在申請 ESTA 或許還來得及。但填一張表格到審核需要十幾分鐘，我們一家要填寫五份，時間緊迫。

我們分頭進行，一個人去買票，一個人和小孩子衝去速食店接網路上網填 ESTA，這是考驗冷靜與填資料的能力，美國的 ESTA 比加拿大的 ETA 麻煩了一些，但都不算難，很快地已經填好兩個，送審一分鐘後都收到通過審核。正當我在填第三份的時候，玉婷喊停，因為巴士沒有票了，同時間西雅圖的朋友也有打電話去美國相關單位詢問，確實跟外交部網站資訊一致，陸路過境美國不需要 ESTA 啊！

雖然看起來是移民局搞錯了，不過他就是有這個權利可以拒絕通行，而我們錯過了最後一班火車，巴士最後一班也沒票了，今天看來是無法入境美國了。

屋漏偏逢連夜雨大概就是這個意思，透過窗戶看出去，外面下起了大雨，於是我們便開始找溫哥華的住宿，一邊發送訊息跟沙發主說明一下現況。

感恩的是，西雅圖的朋友一聽到此訊息，便跟我們說她已經請假回家照顧小孩，請先生開車到加拿大來接我們。天啊！這一段路就要兩百多公里，來回要將近五百公里，這麼長的一段路，真的是太令人感動了。當沙發主接到我們時，已經是晚上九點多，回到西雅圖已經是半夜十二點了。剛到房子，女主人就特地出門迎接，她抱了抱我們，把孩子抱去房間睡覺，坐下來的時候，她問了我們要不要吃點東西呢？

一路戰戰兢兢到了這時候才覺得有點餓，神奇的事情是，消夜居然是肉圓，離開台灣兩百多天以來，從來沒想過可以吃到肉圓，內心有點激動，在遙遠的美國還能夠有這樣子的感受，覺得好像又到了另一個家了。

DAY
244

美國／西雅圖

我們終究還是來到了美國

昨天跟美國友人的孩子一起去 YMCA 上游泳課，在溫水泳池裡跟好多小朋友一起玩，還有提供救生衣浮板蛙鏡等等設備，在美國，家長對孩子們的教育各有不同，覺得自學也蠻好的，而且配套也做得不錯，去 YMCA 上體育課是很棒的一件事情。

今天我們開車搭渡輪去了奧林匹克，接著往下開去了美國海軍的戰艦墳場華盛頓州的布雷默頓（Bremerton）海軍基地，這裡主要停靠一些退役或是現役的航空母艦及一般戰艦。這是超級棒的景點，雖然沒什麼人來。

我們身後的是太平洋艦隊的，小鷹號航空母艦，他是在 2009 年除役的，甲板可以停 85 架戰機。對於也算海軍（陸戰隊）退伍的我來說，覺得特別驚奇。

同時在軍港邊也有停靠現役的尼米茲號航空母艦（68 號）這一艘就是曾經訪問過香港，南海的航空母艦。

　　航空母艦真的很大，現役的顏色就很帥氣，除役的感覺有點鏽蝕，但是黃黃的更顯歷史意義，每一艘航空母艦的甲板上都裝載著許多英勇的戰鬥故事，我們只能從電影中汲取一點點的片段。

　　在台灣可能一輩子都沒辦法見到航空母艦，如果見到面可能代表有大事情要發生，所以這種大型怪物還是來美國看看就好了，覺得又開了一點眼界。

　　在停車場開車要離開時，旁邊剛好一台車開進來，兩名海軍軍官下車，對我點頭示意，啊！超級帥的，身上穿的跟電影中一模一樣的數位迷彩，這畫面好不真實啊！

　　接著我們又搭船回到市區，先去喝了熱騰騰的蛤蜊濃湯，接著去 Public Market，有很多的花、首飾、手工藝等等攤位，逛得很開心，最後來到星巴克的創始店，小小一間店面擠滿了滿滿的人潮，我們也跟著進去排隊買咖啡，點了黑咖啡、拿鐵，特別點了一杯巧克力可可碎片給小孩，這是他們第一次喝星巴克，愛得不得了啊，店員還在杯子上寫下「Sunnybackpacker」，真是別具意義。

　　傍晚和朋友一家一起吃火鍋，熱騰騰的美食配著紅酒，我們聊了好久好久，旅行的故事，說也說不完。

加拿大／洛磯山脈

小小露營車，滿載的友誼

今天我們的露營車有客人，是昨天在班夫住的沙發主 Inka 跟他兒子 Leo。昨天托他們的福在班夫有住宿，又享受了頓台式晚餐。我們這位朋友在在班夫買了棟房子，在此落地深根，生了個可愛的兒子。家裡還住了一對在此打工度假的台灣人，家庭氣氛很不錯。

早上一起去了 Gress Lake 登山健行，走上去大約花了一個半小時，各自帶著自己的小孩努力著。終點是雪山腳下的湖泊，湖水是深藍的，非常乾淨，邊走還邊下雪，真的非常漂亮。而 Inka 的老公則在一旁的岩壁上攀岩，真的很強。這是我第一次看到野外的攀岩，人和岩壁完全顛覆地心引力超級厲害的啊。

山中好友的絕讚歡聚

傍晚應我們的邀約來我們露營車住一晚，Leo 也來了。

這個營地位於班夫國家公園內，非常的大。停車的方式雖然有點像是路邊停車，只是多了電源線可以接，一切都很方便。營地費用為 42 元加幣（大約 900 元台幣），有了電源線我們的露營車根本就是神車，因為就有了暖氣，車上的電器也能用了。晚上我們煮了孩子們最愛吃的咖哩飯，Leo 吃下第一口後，好吃到跳起來呢，看來我們家的咖哩飯真的很好吃。

吃飯時還來了一位台灣朋友，同時也是我們的粉絲 Dori，她們家也在班夫這邊，沒想到彼此都認識呢，所以今晚就一起邀來營地相聚了。

大家一起聊天好開心，尤其都在異國，真的是很難得的緣分，喝著好喝的詩莊堡蘋果啤酒，聊著她們在加拿大的生活、工作，以及生活圈，當然也分享了我們的旅途點滴。聊著聊著，窗外還下起了大雪，從窗外看出去，路燈下雪花飄飄，好浪漫。

今天真的既熱鬧又充實，也是我們第一次睡營地，真心推薦所有來加拿大洛磯山脈的朋友，都一定要來體驗一下到開露營車睡營地過幾晚喔！

加拿大／賈斯伯國家公園

開著露營車到國家公園露營去

因為班夫到賈斯伯中間沒有營地可以過夜，所以今天必須趕到賈斯伯來。

一路上風光明媚，有冰川，還有峻嶺。感覺越走海拔越高，積雪也越高，這樣的風景值得用開車的方式細細品味，周圍圍繞著滿滿的旅行味呢。

最後開了兩百多公里，來到了賈斯伯國家公園，也根據班夫旅遊服務中心的推薦，來到了惠斯勒（Whistlers）露營場，一晚 33 加幣，只能説這裡非常熱門，也非常的讚。是真的讓你住在森林裡面的營地，不是路邊停車，旁邊還有火爐可以烤肉。

明天開始就是加拿大的連假，因此營地都會客滿，這個我們早就耳有所聞，也有心理準備。實際的情形也真的如此，我們到這個營地的時候，本來打算預

訂兩天，沒想到服務人員說今天可以，明天的話只剩下沒有電源可接的營地了。我們不死心，又跑去對面的 Wapiti 營地去問，他們要我們明早十一點再去現場問問看，感覺明天光是找露營地就會是場硬仗，真的是環遊世界一年什麼假期都遇得到呢。

　　因為今天的營地有烤肉爐，兄弟們看到烤爐就一直吵著要烤肉，小羽嚷嚷著要吃青椒，所以趁著太陽下山之前我們來回開了幾十公里的路，到了市中心裡的超市去買點東西來烤。回到了營地，教了孩子們生火，及火的正確使用方式。玉婷忙著準備烤肉食材，而我們成功的一次就把火生起來，這時小羽去找玉婷。

　　小羽說：「媽咪，妳準備好了嗎？」

　　「快好了，你們火生好了？」

　　「對！」小羽回答。

　　「那等我一下。」

沒想到小羽竟然接話說：「好，媽咪，這就是人生啊！」

我很驚訝從一個五歲小孩口中聽到這句話，對他來說能夠完成了住露營車的夢想，還能在在森林裡面吃他最喜歡的烤肉跟青椒，感覺人生無比的幸福。應該是這樣吧？不過怎麼樣也想不起來，我們上次是什麼時候講出這句話呢，被他學去了。

我覺得洛磯山脈之旅真得是這趟旅程中充滿驚奇的一段，雖然天氣很冷，但車內很暖，開著露營車在國家公園的森林裡露營，透過窗戶看著星空無光害真的很美，這樣的如夢似幻的景觀，就是人生啊！

我們住這裡

Whistlers Campground

地址： 67 19, Jasper, AB T0E 1E0, Canada

電話： +1- 877-737-3783

營地裡的想像人生

外頭下著雪，但是景致真的迷人，而我們附近也是滿滿的露營車，在大家悠閒地陸續起床的早晨，是個觀察的好時機呢！

首先一台老舊露營車從我們眼前經過，左邊駕駛是個頭髮斑白的老先生，他跟我揮手致意，我也禮貌回了禮。這時才注意到，副駕駛座也是頭髮斑白的老奶奶，而他們的露營車後面掛了兩台復古的腳踏車，還真的是露營界的古典美呢。這部露營車肯定有許多故事，如同他們數不盡的白髮以及皺紋。剛好老先生把車停在木材及垃圾箱邊，我走向前去，再次跟他揮揮手，他讓我看到了一路玩到掛的精神。我們都會老，現在很難想像，邁入老年時，我們會是怎麼樣的形式？希望也能如此盡情山水，白頭偕老。

揮別了老夫妻後，我看到前方林子裡面有一家人在烤肉，這烤肉區是共用的，他們的露營車也停在停車場，我看了看，是拖掛式的。用一台貨卡拖著露

營車，後面的置物箱放買了烤肉用具，車子下面還有一些木柴，這看起來就是他們自己擁有的，是他們一家人的秘密基地。我看到了一對和藹的父母與一雙年幼的兒女，他們忙進忙出，但臉上總充滿著笑容。這樣子的休假型態是很令人羨慕的，或許有人說那得要有前先買一台露營車！我想說的是，露營車只是個工具，一台小汽車也能帶著一家大小去旅行不是嗎？我們也需要有一個屬於一家人的祕密基地。

眼前的光景如同時光隧道，帶我看著不同的家庭歲月。當小羽他們準備要去公園的時候，眼前出現了一對父母騎著腳踏車，爸爸的車後面拖著一個拖掛車，車內有個小寶寶，父母之間還有個像小羽年紀的小男孩，騎著滑步車，興奮地向前衝。儘管父母叫他「Slow down」，他還是興奮地向前衝，真的好有愛的畫面。這個家庭就像我們，差不多的年紀，差不多的幸福。有個腳踏車，有個露營地，來個藍天白雲，一家人歡笑聲四溢，在我眼中各自的家庭都是幸福美滿，令人稱羨，甚至可以當我的模範。

不知別人眼中的我們，是如何呢？

我們不奢求能多有錢，但祈求老天能夠讓我們保持進取的心，帶著溫柔與愛，持續前行，讓全世界都是我們的家。

如果你也想在加拿大開露營車

我們建議透過 Canadream 租車，有線上客服可以即時回復並且傳送報價單，提早預約現場會有中文服務人員協助。

取車還車都必須到租車公司，於溫哥華國際機場有接駁車往返，取車要學習車內設備使用方式，建議錄影，忘記可以複習，從溫哥華出發繞洛磯山脈一圈回來約兩千三百多公里，還車要檢查車況及確認是否有過路費須結清。

網址：http://www.canadream.com/
車型：Maxi Motorhome MH-A

後記：還在旅途中

結婚時，彼此總想著要在三十歲以前生三個孩子，不知不覺就已經完成了，環遊世界一直在嘴上嚷嚷，時不時拿出來討論的，不知不覺就已經快走完了，人生有時候很奇妙，當你真心想做的時候，全世界都會幫助你。

要帶著四歲、兩歲及最小不滿一歲的孩子環遊世界，從決定到真正出發不過一個月左右，我們並不是準備好才出發，而是在人生的某個階段，順從了命運，相信了直覺，這不僅僅是旅行，對於人生的每一個路口，在選擇的時候，都適用，你真正想要的是什麼呢？

我們想要跟孩子一起看世界，想要陪他們長大。

於是我們一家五口，攤開地圖，揹起背包，已經走了兩百多天，繞了地球一圈，超過二十幾個國家的環球之旅，從夏天直到冰天雪地，搭乘了飛機、郵輪、火車、巴士、嘟嘟車等各種交通工具，從城市到自然，從歷史到現代，沿路各種奇幻美景，穿過高山越過小溪，不知走了幾百里，快到家裡，快到家裡了。

感謝這一路幫助與陪伴我們的朋友，此行並未結束，藉由此書分享我們的故事，一起看旅途的美好風景。

下一站，我們會去哪呢？

全世界都是我家

賴啟文、賴玉婷———— 著

一家五口的環遊世界之旅

http://www.ju-zi.com.tw

三友圖書
友直 友諒 友多聞

作　　　者　賴啟文、賴玉婷
編　　　輯　徐詩淵
校　　　對　徐詩淵、鄭婷尹
封 面 設 計　何仙玲
美 術 設 計　劉錦堂

發　行　人　程顯灝
總 編 輯　呂增娣
主　　　編　徐詩淵
編　　　輯　林憶欣、黃莛勻、鍾宜芳
美 術 主 編　劉錦堂
美 術 編 輯　吳靖玟
行 銷 總 監　呂增慧
資 深 行 銷　謝儀方、吳孟蓉

發　行　部　侯莉莉
財　務　部　許麗娟、陳美齡
印　　　務　許丁財
出　版　者　四塊玉文創有限公司

總　代　理　三友圖書有限公司
地　　　址　106台北市安和路2段213號4樓
電　　　話　(02) 2377-4155
傳　　　真　(02) 2377-4355
E - m a i l　service@sanyau.com.tw
郵 政 劃 撥　05844889 三友圖書有限公司

總　經　銷　大和書報圖書股份有限公司
地　　　址　新北市新莊區五工五路2號
電　　　話　(02) 8990-2588
傳　　　真　(02) 2299-7900

製 版 印 刷　卡樂彩色製版印刷有限公司

初　　　版　2018年 02月
一 版 三 刷　2021年 08月
定　　　價　新台幣 380元
I S B N　978-986-95765-5-0（平裝）

國家圖書館出版品預行編目(CIP)資料

全世界都是我家：一家五口的環遊世界之旅 /
賴啟文, 賴玉婷著. -- 初版. -- 臺北市：四塊玉
文創,
2018.02　面；　公分
ISBN 978-986-95765-5-0（平裝）

1.旅遊 2.親子 3.世界地理
719　　　　　　　　　　　107000502

Salute!前進16座義大利經典酒莊

跟著Peggy邊繪邊玩
陳品君（Peggy Chen）著／定價330元

本書以獨具風格的手繪插圖搭配生動的文字，引領你進入威士忌和葡萄酒的迷人國度，領略品種、風味與許多趣味的酒知識。讓我們一同高舉酒杯，喝遍義大利！

曼谷。午茶輕旅行

走訪30家曼谷人氣咖啡館
莊馨云、鄭雅綺 著／定價260元

曼谷不僅有捷運、地鐵交通便利，還有許多各式風情的咖啡館。本書帶領讀者造訪內行人才知道的好味道，蒐羅曼谷最經典、最有趣、最浪漫的咖啡風情！

闖進別人家的廚房

市場採買X私房食譜 橫跨歐美6大國家找家鄉味
梁以青 著／定價395元

一個單身女子，一趟回歸原點的旅程，卻意外闖進了別人家的廚房，從墨西哥媽媽到法國型男主廚再到義大利奶奶，從美洲一路到歐洲，開啟了一場舌尖上的冒險之旅。

巴黎甜點師Ying的私房尋味

甜點咖啡、潮流美食推薦給巴黎初心者的16條最佳散步路線
Ying C著／定價380元

讓出身廚藝名校Ferrandi的專業甜點師Ying，為你留上一匙私藏的巴黎滋味，一起探索真正的花都食尚，發現這座城市對味與美的不懈追求。

100家東京甜點店朝聖之旅

漫遊東京的甜點地圖
daruma著／定價420元

「去東京，不吃甜點就太可惜了！」本書蒐羅在日本東京的100家甜點專賣店，帶你走遍大街小巷的老舖新店，品嘗甜點，拜訪職人，體驗不一樣的朝聖之旅！

大塚太太的東京餐桌故事

大塚太太 著／定價340元

遠嫁日本的台灣女兒，用料理收買日本公婆和小姑的心。50道溫暖人心的家常食譜佐以大塚家笑淚齊飛的日常故事，原來，種種難題都能在餐桌上找到答案。

出發 旅行全世界

倫敦地鐵自在遊全攻略

5大人氣商圈╳30座風格車站╳110處美好風景╳300家精選好店
蔡志良著／定價599元（套書）

英倫地標大鵬鐘、俯瞰泰晤士河的倫敦眼等經典美景；從Outlet名牌到市集超市民生用品，以及最道地的下午茶，最澎派的英式早餐，只要一張地鐵票，就能暢遊暢享。

翻轉旅程：不一樣的世界遺產之旅

馬繼康 著／定價370元

跟著馬繼康，讓他用最溫柔善解的旅行思維，帶你重新看見：新疆天山的遼闊夐遠、泰姬瑪哈陵的絕美脫俗、巴拿威梯田的淳樸人情……不只翻轉你對世界遺產的過往印象，更翻轉你的人生旅程！

姊妹揪團瘋首爾

美妝保養╳時尚購物╳浪漫追星╳道地美食，一起去首爾當韓妞
顏安娜 著／定價360元

百萬人氣部落格主安娜帶路，專為女孩企劃的首爾之旅！結合地圖，讓你瘋狂掃貨、吃遍道地韓式料理、走訪最潮的購物基地，搭配詳盡的行前準備篇。韓國首爾，馬上就能出發！

廉價航空全攻略

小氣旅行家必備（增訂版）
朱尚懌（Sunny）著、熊明德（大麥可）攝影／定價350元

八大廉價航空大解析＋十大旅遊景點自助行。從航班、票券、交通、景點到住宿，通通包辦！一本讓你立即拎著行李出國玩的完全指南。

女孩們的東京漫步地圖

沈星曨 著／定價240元

在東京街巷，尋訪內行人才知道的五十處風格店鋪。感受不同的生活溫度，文具與器皿、雜貨與書、美食咖啡等等。旅行，可以很日常，用很日常的心，去旅行！

日本Free Pass 自助全攻略

教你用最省的方式，深度遊日本
Carmen Tang 著／定價350元

除了搭廉航，還有更省的旅遊妙招！利用FREE PASS票券，玩遍島根、富山、北陸，來趟不一樣的日本深度旅行！

廣 告 回 函
台北郵局登記證
台北廣字第2780號

地址： ＿＿＿縣/市 ＿＿＿鄉/鎮/市/區 ＿＿＿路/街

＿＿段 ＿＿巷 ＿＿弄 ＿＿號 ＿＿樓

三友圖書有限公司 收
SANYAU PUBLISHING CO., LTD.

106　台北市安和路2段213號4樓

三友圖書
讀書俱樂部

「填妥本回函，寄回本社」，即可免費獲得好好刊。

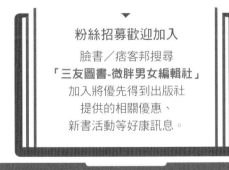

粉絲招募歡迎加入
臉書／痞客邦搜尋
「三友圖書-微胖男女編輯社」
加入將優先得到出版社
提供的相關優惠、
新書活動等好康訊息。

四塊玉文創╳橘子文化╳食為天文創╳旗林文化
http://www.ju-zi.com.tw
https://www.facebook.com/comehomelife

親愛的讀者：

感謝您購買《全世界都是我家：一家五口的環遊世界之旅》一書，為感謝您對本書的支持與愛護，只要填妥本回函，並寄回本社，即可成為三友圖書會員，將定期提供新書資訊及各種優惠給您。

姓名＿＿＿＿＿＿＿＿＿＿＿＿＿＿　出生年月日＿＿＿＿＿＿＿＿＿＿

電話＿＿＿＿＿＿＿＿＿＿＿＿＿＿　E-mail＿＿＿＿＿＿＿＿＿＿＿＿＿

通訊地址＿＿＿＿＿＿＿＿＿＿＿＿＿＿＿＿＿＿＿＿＿＿＿＿＿＿＿＿＿

臉書帳號＿＿＿＿＿＿＿＿＿＿＿＿＿＿＿＿＿＿＿＿＿＿＿＿＿＿＿＿＿

部落格名稱＿＿＿＿＿＿＿＿＿＿＿＿＿＿＿＿＿＿＿＿＿＿＿＿＿＿＿＿

1 年齡
□18歲以下　　□19歲～25歲　　□26歲～35歲　　□36歲～45歲　　□46歲～55歲
□56歲～65歲　□66歲～75歲　　□76歲～85歲　　□86歲以上

2 職業
□軍公教 □工 □商 □自由業 □服務業 □農林漁牧業 □家管 □學生
□其他＿＿＿＿＿＿＿＿＿＿＿＿＿＿＿＿＿＿＿＿＿＿＿＿＿＿＿＿＿＿

3 您從何處購得本書？
□博客來　□金石堂網書　□讀冊　□誠品網書　□其他＿＿＿＿＿＿＿＿
□實體書店＿＿＿＿＿＿＿＿＿＿＿＿＿＿＿＿＿＿＿＿＿＿＿＿＿＿＿＿

4 您從何處得知本書？
□博客來　□金石堂網書　□讀冊　□誠品網書　□其他＿＿＿＿＿＿＿＿
□實體書店＿＿＿＿＿＿＿＿＿＿　□FB（三友圖書-微胖男女編輯社）＿＿＿＿
□好好刊（雙月刊）　□朋友推薦　□廣播媒體

5 您購買本書的因素有哪些？（可複選）
□作者 □內容 □圖片 □版面編排 □其他＿＿＿＿＿＿＿＿＿＿＿＿＿＿

6 您覺得本書的封面設計如何？
□非常滿意 □滿意 □普通 □很差 □其他＿＿＿＿＿＿＿＿＿＿＿＿＿＿

7 非常感謝您購買此書，您還對哪些主題有興趣？（可複選）
□中西食譜　□點心烘焙　□飲品類　□旅遊　　□養生保健　□瘦身美妝 □手作 □寵物
□商業理財　□心靈療癒　□小說　　□其他＿＿＿＿＿＿＿＿＿＿＿＿＿＿

8 您每個月的購書預算為多少金額？
□1,000元以下　　□1,001～2,000元　□2,001～3,000元　□3,001～4,000元
□4,001～5,000元　□5,001元以上

9 若出版的書籍搭配贈品活動，您比較喜歡哪一類型的贈品？（可選2種）
□食品調味類　　□鍋具類 □家電用品類　　□書籍類 □生活用品類　　□DIY手作類
□交通票券類　　□展演活動票券類　□其他＿＿＿＿＿＿＿＿＿＿＿＿＿＿

10 您認為本書尚需改進之處？以及對我們的意見？
＿＿＿＿＿＿＿＿＿＿＿＿＿＿＿＿＿＿＿＿＿＿＿＿＿＿＿＿＿＿＿＿＿＿

感謝您的填寫，
您寶貴的建議是我們進步的動力！